Franziska Reif

101 Dinge
die Sie über
Leipzig
wissen müssen

BRUCKMANN

Inhalt

Vorwort

Charmanter Größenwahn

Leipzig hat viele Superlative und so manchen Beinamen. Tausend Jahre alt soll die Musik-, Wasser- und Heldenstadt sein, mehr Brücken haben als Venedig. Hier fand die erste Buchmesse statt, hier gibt es die schlimmste Straße Deutschlands. Viele bekannte Namen machten hier halt, viele unbekannte Namen machten die Stadt groß. Prekariat und Glamour liegen hier nah beieinander, und das Selbstbild als pulsierende Metropole wirkt in seiner provinziellen Kleinbürgerlichkeit deshalb so sympathisch, weil es von einem sturen Größenwahn getragen ist, der durchaus seinen Charme hat. Was es von Leipzig zu wissen gibt, umfasst freilich mehr als 101 Dinge. Was man wissen muss, ist unweigerlich das Resultat einer lediglich vorläufigen Festlegung, die verschoben werden kann, je nach dem, mit welcher Brille auf die Stadt und ihre Geschichte geschaut wird. Geschichte wird in diesem Band nicht nur als die Abfolge historischer Ereignisse verstanden, sondern auch als das Dach, unter dem sich Geschichten ereigneten. Mit Lexikonwissen kann man vielleicht auf Partys angeben, unterhaltsamer ist es, wenn man Anekdoten bei der Hand hat: Weshalb der berühmteste Thomaskantor ständig Beef mit dem Stadtrat hatte, wie der älteste Schrebergarten entstand, warum Luther und Goethe Leipzig hassten oder was die Spurweite der Leipziger Straßenbahn mit Pferden zu tun hat. Diese 101 Anekdoten reichen tief in die Historie, sie erzählen von den alten Sorben und dem Braunkohletiefbau, von Wölfen und vom Weltflughafen. Vor allem aber erzählen sie vom Jetzt und Heute.

„In meinem Leben erinnere ich mich keiner so innigen prophetischen Gewissheit, wie diese ist, dass ich in Leipzig glücklich seyn werde."

Friedrich Schiller
(1759–1805)

1

Agrikultur:

Von Frischmilch und solidarischen Höfen

Seit November 2015 steht in einem kleinen Flachgebäude am Rande von Großzschocher ein Milchautomat. Dort wirft der Kunde auf der Suche nach Frischmilch einen Euro pro Liter ein, hält eine entsprechende Flasche unter die Düse, verschließt das Ganze und fährt damit nach Hause – oder trägt, wie so viele vor ihm, noch schnell lobende Worte in das ausliegende Gästebuch ein. Leere Flaschen können für 50 Cent das Stück vor Ort gekauft werden. Die Zeichnung einer fröhlichen Kuh auf dem Etikett erinnert daran, wo die Milch herstammt, und ein paar Hundert Meter weiter stehen die Produzenten auch im Stall. Die Milch hat einen Fettgehalt von bis zu vier Prozent und ist gänzlich unbehandelt, wird lediglich zwischen Euter und Automat runtergekühlt, damit sie ebenso gekühlt in der Flasche des Verbrauchers landet. Die Agrargenossenschaft Kitzen hat neben dem Automaten in Großzschocher auch einen in Kitzen selbst errichtet, nachdem die Milchquote im März 2015 abgeschafft wurde. Die Rohmilch erfreut sich übrigens großer Beliebtheit, die Milchzapfer kommen und gehen: Am Tag werden laut Genossenschaft allein in Großzschocher mehrere Hundert Liter ausgegeben.

Vom Automaten in Großzschocher aus sind Cospudener See und Rehbach ungefähr gleich weit entfernt. Das kleine Angerdorf ist der südwestlichste Stadtteil Leipzigs. Experten für das älteste Haustier, nämlich die Biene, imkern dort seit über dreißig Jahren auf einem Dreiseitenhof, zu DDR-Zeiten noch im Nebenerwerb. Die Bienenfarm Kern umfasst Bienengarten, Lehrpfad und einen Hofladen, der neben Honig, Met und Likör auch Kosmetika, Kerzen und gesundheitsfördernde Substanzen im Angebot hat. In der daneben eingerichteten »Sächsischen Honigschänke« wird saisonal und regional gekocht. Es muss also niemand nur wegen eines Glases Honig nach Rehbach fahren, denn hier ist eine kleine Welt rund um die fleißigen Insekten gewachsen.

Gemütlich fällt da die Anfahrt mit dem Fahrrad nach Sehlis aus, einem beschaulichen Dorf und Ortsteil von Taucha, der Kleinstadt am östlichen Rand von Leipzig. Verlässt man Taucha, hört abrupt der Berufsverkehr auf, dafür häufen sich die Sackgassenschilder. Heuballen stehen in der Sonne, Pferde grasen friedlich vor sich hin, Pappelblätter versuchen, bei jedem Windstoß Meeresrauschen zu imitieren. Es kläfft höchstens mal ein Hund, aber ohne ernsthaftes Interesse. Hat man Sehlis fast durchquert, ist die Kommune an der Schmiede erreicht. Hier haben einige Leute einen Vierseithof nach zwölf Jahren Leerstand übernommen. Etwa ein Dutzend Erwachsene und ein halbes Dutzend Kinder wohnen dort. 2012 ist die solidarische Landwirtschaft in Sehlis unter dem Namen »Rote Beete« mit der Bestellung der insgesamt fünf Hektar Acker gestartet, Schritt für Schritt wurde eine ganzjährige Versorgung mit ökologischem Gemüse sichergestellt. Solidarisch bedeutet, dass das Gemüse an die Mitglieder außerhalb des Hofes verteilt wird, die die Kosten für den Anbau gemeinsam aufbringen, wobei jeder nach seinen Möglichkeiten zahlt. Die Mitglieder arbeiten an ein paar Tagen im Jahr auch selber mit: auf dem Acker, auf dem Hof, dort, wo Arbeit anfällt.

Die Verbindungen der Kommune zum nahen Leipzig sind eng, enger als zum restlichen Umland. Das liegt an der Gemüsekooperative, von deren 180 Mitgliedern allein 160 in Leipzig leben. Sie bilden eine Art Dunstkreis, der den Hof an der Schmiede mitträgt. Die Hofgemeinschaft ist aber auch durchaus

Teil des Dorfes. Man hilft sich und besucht sich gegenseitig, sei es, wenn Holz benötigt wird oder wenn das Dorfcafé der Kommune geöffnet hat. Nicht weit von der Hofgemeinschaft entfernt haben sich ebenfalls ehemalige Städter eingerichtet. Unter dem Namen »Kleine Beete« betreiben auch sie solidarische Landwirtschaft. Noch ganz frisch ist die Solawi Allerlei in Dölitz-Dösen, die eine alte Gärtnerei wieder aufmöbelt. Die Anfahrt dauert für Leipziger nicht lang, denn die Solawi ist nur eine Viertelstunde vom Connewitzer Kreuz entfernt.

Anker und Bandhaus:

Wo Musik- kultur fernab des Gewand- haus-Abos blüht

Bitchhammer und Human Prey sind schon im Bandhaus aufgetreten. Erstere produzieren seit 2008 Black/Thrash Metal, Zweitere seit 2010 Death Metal/Death Grind: Eine etwas härtere Gangart wird im Bandhaus in der Saarländerstraße, Neulindenau, gepflegt. Neulindenau mag weit draußen sein, dafür lässt es sich gut und lange Krach machen. Betrieben vom Bandcommunity e.V. finden etwa 50 Bands hier ihre Probenräume und darüber hinaus Nachwuchsmusiker die Möglichkeit für Auftritte. Der Grund für das Engagement: »Dieser Form der sinnvollen Freizeitgestaltung junger Menschen mit Kunst und Kultur in Eigeninitiative kommt in Anbetracht ständig abnehmender öffentlicher Mittel wachsende Bedeutung zu.«

Eine Vielfalt an Konzerten unterschiedlicher Genres veranstaltet der Anker, auch wenn er wegen Bautätigkeit vorübergehend geschlossen werden musste. Wie das Bandhaus liegt er gefühlt weit draußen, nämlich zwischen Möckern und Wahren. Für das Interim spielt man an den verschiedensten Orten in der Stadt. Besonders wichtig ist den Ankerleuten, die Erinnerung an die kritische DDR-Rockband Klaus Renft Combo wachzuhalten, die dort schon 1961 auftrat. Deshalb lautet die Adresse Renftstraße 1. Weitere Angebote reihen sich in die Tradition des Ankers als Jugendclubhaus von 1959 bis 1991 ein.

3

Arbeiterbewegung:

Theater, Sport und die erste Arbeiterpartei

Die Arbeiterbewegung stammt aus Leipzig. Diese Behauptung ist natürlich etwas übertrieben, aber wo die Industrialisierung viele Leute in die Fabriken spült, entsteht der Wunsch, sich über die Situation am Arbeitsplatz auszutauschen. Ein Treff war der Plagwitzer Felsenkeller, wo auch Liebknecht, Zetkin, Thälmann und Luxemburg gesprochen haben sollen – die Arbeiterschaft in ganz Sachsen war schon früh eher marxistisch eingestellt.

Eine andere Organisationsform war das Arbeitertheater, das in Leipzig eher entstand als andernorts. Friedrich Bosse, einer der meistrezipierten Autoren des Arbeitertheaters seiner Zeit, wirkte in Leipzig zum Ende des 19. und beginnenden 20. Jahrhunderts. Unter anderem schrieb Bosse das erste Streikdrama der Arbeiterbewegung. Die künstlerische Qualität der Stücke ist nicht sehr hoch – Bosse hat sich auf zwei Festspielen beim Publikum dafür entschuldigt –, wie anderen Autoren war es ihm aber wichtiger zu agitieren. Die Gewerkschaften haben zwischen 1920 und 1924 Massenfestspiele abgehalten, an denen sich bis zu 3000 Spieler, Musiker und Sänger beteiligten, einmal kamen auf dem Auensee auch zahlreiche Boote zum Einsatz. Man thematisierte Bauernkrieg und Spartakus-Aufstand, Krieg und Frieden und die Zukunft im Sozialismus. Die Festspiele wurden in andere deutsche Städte exportiert.

Neben dem Theater spielte die Sportabteilung des 1846/47 gegründeten örtlichen Arbeiterbildungsvereins eine Rolle. Aus einem Teil des Vereins ging 1863 der Allgemeine Deutsche Arbeiterverein (ADAV) hervor, der als ein Vorläufer der späteren SPD gilt. Der ADAV arbeitete unter anderem an einem gleichen und allgemeinen Wahlrecht, das die Interessen der Arbeiter in die Parlamente bringen und mithin Klassengegensätze beseitigen würde. August Bebel und Wilhelm Liebknecht waren zu dieser Zeit auch in Leipzig politisch aktiv. Mit den Sozialistengesetzen wurde der Arbeiterbildungsverein zwar 1878 aufgelöst, in anderer Form aber weitergeführt, ebenso wie Musik, Sport und Theater weiterhin sozialistisch orientierte Arbeiter banden. Schon 1868 hatten Konservative und Nationalisten dem Arbeitersport die Deutsche Turnerschaft entgegengesetzt, teilweise grenzten bürgerliche Sportvereine auch Arbeiter aus. Im Arbeiter-Turn- und -Sport-Bund organisierte sich der Arbeitersport reichsweit ab 1919. 1926 gründete der Verband in der Südvorstadt eine Bundesschule, um den wachsenden Bedarf bei den turnenden Arbeitern zu decken. 1927 hatten sich immerhin allein in der Stadt Leipzig 27 000 Arbeiter in insgesamt 38 Sportvereinen zusammengefunden. Das erste Arbeiter-Turn- und -Sportfest des Deutschen Reiches, das Bundesfest des Arbeitersports, wurde 1922 in Leipzig ausgerichtet.

4

Auensee:

Parkeisenbahn und Tret- schwan: ein Vergnügungs- paradies für Kinder

Die Pioniereisenbahn hat ihren Namen nach der Wende nur geringfügig in Parkeisenbahn geändert. Für die Kinder, die mitfahren, ist sie ebenso ein Vergnügen wie für die, die an der Strecke stehen und sich beim Zurückwinken vor Begeisterung kaum halten können. Um Begeisterung ging es im Naherholungsgebiet Auensee auch schon bei dessen Vorläufer, einem Vergnügungspark. Der Lunapark bot bis 1932 unter anderem Achterbahn, Hippodrom, Gondelstation und einen Musikpavillon. Bereits damals führte mit der Lunabahn eine Bahn um den See, seit 1951 fährt die erwähnte Mini-Eisenbahn auf zwei Kilometern und einer Spurweite von 381 Millimetern über drei Haltestellen einen Bahnhof an, den Fahrbetrieb stellen Kinder und Jugendliche sicher. Heute führt ein Weg an der Neuen Luppe Radfahrer in den Park im

Landschaftsschutzgebiet. Das Areal hat Streuobstwiesen und ein paar Auwaldreste, einen Spielplatz und mit dem Haus Auensee sowohl einen Freisitz für Ausflügler als auch eine Halle für Konzerte. Den See trennt nur eine Straße vom Campingplatz. Er ist dem Kiesabbau für den Leipziger Hauptbahnhof im Jahr 1909 zu verdanken. Im See darf nicht gebadet werden, dafür wird eifrig Boot gefahren. Das wichtigste Fortbewegungsmittel über das Wasser ist natürlich der Tretschwan.

5

Aufschwung und Industrie:

Wie schnelles Wachstum zu Gründer- zeitvierteln verhalf

Das Wachstum der Leipziger Bevölkerung verlief bis 1885 langsam, aber stetig, ab da ging es flott voran, wurden aus 200 000 Einwohnern (1885) 300 000 (1890), dann 400 000 (1895), bis zum Ersten Weltkrieg lag die Zahl bei weit über 600 000. Die viert-

größte Stadt des damaligen Deutschlands war Verkehrsknoten-
punkt, wichtiges Wirtschaftszentrum und nicht minder wichtiger
Handels- und Messestandort, und das lässt sich heute noch daran
ablesen, dass das gesamte Stadtbild gründerzeitlich geprägt ist.

Die Vorstädte vor den vier Stadttoren erfuhren notwen-
digerweise einen weiteren Ausbau. Konzentrisch um die Altstadt
herum wurden Gründerzeitquartiere angelegt, Wohnviertel, öffentliche Gebäude wie Rathäuser, Postämter, Krankenhäuser und
Industrieanlagen entstanden. Bis Ende des 18. Jahrhunderts war
dem Abbau der Befestigungsanlagen um die Altstadt lediglich die
Bebauung entlang der großen Ausfallstraßen gefolgt: Im Norden
war das die Hallische Vorstadt vor dem Hallischen Tor bis zur
Parthe mit der Gerbersiedlung, im Osten die Grimmaische Vorstadt entlang von Grimmaischem Steinweg und Quergasse, im
Süden die Petersvorstadt um den Peterssteinweg, im Nordwesten
die Rannische Vorstadt entlang des Rannischen Steinwegs. Um
1788 standen in den Vorstädten gerade mal 550 Gebäude, die
von nur 8000 Leuten bewohnt wurden. Die dringende Erweiterung war erst mal nur im Osten und Süden möglich, weil in
den anderen Gebieten regelmäßig Hochwasser zu erwarten war.
Somit entstanden bürgerliche Wohnungen und öffentliche Gebäude in der Grimmaischen Vorstadt und in den Ostvorstädten
Marienstadt und Friedrichstadt – dies war der Kern des späteren
Grafischen Viertels mit grafischer Industrie und Verlagen. Erst
nach 1840 war der Hochwasserschutz so weit gediehen, dass die
Innere und danach die Äußere Westvorstadt entstehen konnten.
Die inneren Vorstädte entwickelten sich nach 1860 zu Mischge-
bieten mit Wohnhäusern, öffentlichen Gebäuden, Handel, Gewerbe, Handwerk und Industrie. Ende des 19. Jahrhunderts wurden
mit dem Bachstraßen- und Waldstraßenviertel und der Inneren
Südvorstadt größtenteils gründerzeitliche Viertel gebaut, nach
1890 kam das Musikviertel mit seinen Wohn- und Repräsenta-
tionshäusern hinzu.

Zwischen den Weltkriegen ging das Wachstum weiter,
wenn auch weniger rasant. Es wurden Stadtteile eingemeindet,
in denen Siedlungen im Stil von Art déco, Moderne und Neuer Sachlichkeit entstanden, die dem großen Wohnungsnotstand

entgegenwirken sollten. Über 12 000 der Leipziger Kulturdenkmäler sind Gründerzeitbauten, sie sind in Leutzsch ebenso zu finden wie in Eutritzsch, in Neustadt-Neuschönefeld und in Stünz, in Kleinzschocher und in Volkmarsdorf. In Neulindenau etwa entstanden die ersten Wohnhäuser für Arbeiter der Spinnerei auf den danebenliegenden Grundstücken. Auch der heutige Wohnungsbestand in Altlindenau stammt zu siebzig Prozent aus der Zeit zwischen 1870 und 1900.

Mancher hat die Ferdinand-Lasalle-Straße schon mit der New Yorker 5th Avenue verglichen. Wie immer, wenn Leipziger Größenwahn sich in eine Reihe mit den echten Metropolen dieser Welt zu stellen versucht, hinkt dieser Vergleich, und man ist froh, dass die New Yorker von dieser kleinen Peinlichkeit nichts erfahren werden. Dennoch sind die Fassaden der Gründerzeitvillen und -geschossbauten entlang der nicht mal einen Kilometer langen Straße am Rande des Bachviertels hübsch anzusehen, hübsch ist es für die Bewohner auch, dass sie auf den Johannapark schauen. Weil so viel Ästhetik kostet, ist dies keine Wohnlage für den typischen Arbeiter, und insofern ist es fast schon zynisch, dass die Straße ausgerechnet nach Lasalle benannt ist. Als einer der Anführer der Arbeiterbewegung war er an der Gründung des Allgemeinen Deutschen Arbeitervereins ADAV beteiligt, der zusammen mit der Sozialdemokratischen Arbeiterpartei nach seinem Tod die SPD bildete.

Wo genau das sogenannte Bachviertel aufhört und das Musikviertel anfängt, dürfte nur wenigen klar sein. Fakt ist, dass das Musikviertel irgendwo zwischen Johannapark, Clarapark und der B 2 liegt. Hier wimmelt es ebenfalls vor Gründerzeitbauten, aus Villen wurden Mietshäuser – Richtung Süden allerdings wird die Lückenschließung mit mehr oder weniger gelungenen Stadthäusern deutlich, an die sich Plattenbauten anschließen.

Nordwestlich des Innenstadtrings sind es die Bauten entlang der Waldstraße und ihrer Nebenstraßen, die die wachsende Stadt für sich beansprucht hat. Heute gilt das Waldstraßenviertel als eines der größten zusammenhängenden Gründerzeitquartiere Europas, die Fassaden gefallen sich in der Abwechslung von Jugendstil, Historismus und Klassizismus, und in einzelnen Ecken wurden schon Mieten über elf Euro pro Quadratmeter aufgerufen, als sich alle Welt noch sicher war, dass Leipzig weiter an Bevölkerung verlieren würde, solche Preise angesichts des zu erwartenden weiterhin wachsenden Leerstands also als utopisch galten.

Die Südvorstadt wuchs als Stadterweiterung zwischen dem Ende des 19. Jahrhunderts und dem ersten Drittel des 20. Jahrhunderts. Die Gründerzeitbauten mischen sich hier mit kommunalen und genossenschaftlichen Wohnungen aus den Zwanzigern und Dreißigern – so in der Lößniger und der Altenburger Straße – und mit Neubauten von nach 1945 und nach 1990. Das Straßensystem ist quadratisch angelegt, die einzelnen Zellen dieses Schachbretts enthalten Wohnquartiere inklusive Gewerbe, öffentlicher Einrichtungen und Dienstleistungen. Um die Eisenbahnanlagen im Nordosten entstanden Fabriken, die heute als Wohnlofts genutzt werden. Die Karli als Verbindung zwischen Ring und Connewitz wurde neu gebaut, und zwar zunächst unter dem Namen Südstraße, dann als Adolf-Hitler-Straße. Der Volksmund sagte eine Weile Adolf-Südknecht-Allee. Drei weitere breite Alleen kamen hinzu, nämlich die Kaiser-Wilhelm-Straße, heute August-Bebel-Straße, die Kronprinzstraße, heute Kurt-Eisner-Straße, und die Kaiserin-Augusta-Straße, heute Richard-Lehmann-Straße. Um die Blockrandbebauung aufzulockern, wurden grüne Plätze gebaut, zum Beispiel der Heinrich-Schütz-Platz am heutigen Kantgymnasium oder gegenüber davon der Alexis-Schumann-Platz. Es ist noch heute erkennbar, dass Bomben den nördlichen Bereich zwischen Arthur-Hoffmann- und Bernhard-Göring-Straße getroffen haben: Im Areal bis zum Bayrischen Bahnhof wurden ab 1950 neue Gebäude gebaut.

✳

„Leipzig
in Sachsen
ist die
wahre
Hauptstadt
der
Deutschen
Demokratischen
Republik."

Uwe Johnson
(1934–1984)

6

Automatikmuseum:

Wo Besucher mit Mechanik, Pneumatik und Hydraulik experimen- tieren

Die Automatik öffnet Türen, wenn der Eintrittswillige davor-
steht, oder schraubt in Robotergestalt an Autos. Überhaupt sind
Automaten so alt wie die Technik selbst. Schon Homer lässt in
seiner *Ilias* Roboter auftauchen, und um 50 nach Christus schreibt
Heron von Alexandria über eine bestimmte Automatisierungs-
technik, mit deren Hilfe sich unter anderem Tempeltüren öffnen
lassen. Dies alles erfährt man seit 1996 im Automatikmuseum der
Hochschule für Technik, Wirtschaft und Kultur (HTWK) in der
Karl-Heine-Straße, das natürlich die Entwicklung bis heute beleuchtet und auch vor dem Hintergrund eröffnet wurde, dass die
dazugehörige Studienrichtung in Leipzig angesiedelt ist. Besucher
können die Exponate nicht nur anschauen, etwa Telegrafenrelais
vergangener Zeiten oder einen Wattmeter im Holzgehäuse. Es darf

auch in Hülle und Fülle experimentiert werden, zum Beispiel mit einem Fliehkraftregler, der die Drehzahlen einer Dampfmaschine reguliert, oder mit einem Prozessrechner mit Trommelspeicher und 100 Kilobyte Kapazität.

Bach:
Weshalb der Thomaskantor sich für strikten Dienst nach Vorschrift entschied

Als Bach 1723 Thomaskantor wurde und nach Leipzig zog, hatte er schon diverse Stationen absolviert. Somit ist Leipzig nicht die einzige Bachstadt und teilt sich dieses Prädikat unter anderem mit Eisenach, Arnstadt, Mühlhausen und Ohrdruf. In Köthen, wo Bach vor seiner Leipziger Zeit hochfürstliche Musik schuf, standen ihm erstklassige Musiker zur Verfügung, auch hatte er in musikalischer Hinsicht viele Freiheiten. Von dort wechselte er nach Leipzig, wo er bis zu seinem Tode 27 Jahre lebte und arbeitete. Das hat wohl vor allem mit seinem Vertrag auf Lebenszeit und einem Mangel an Alternativen zu tun, denn erstklassige Unterstützung und Freiheiten gab es hier nicht.

Der Vertrag sah ein straffes Pensum mit Unterricht in Musik, Kirchenlatein und Gesang vor. Außerdem oblag Bach die musikalische Gestaltung in vier Leipziger Kirchen inklusive Hochzeiten, Beerdigungen und Taufen. An jedem Sonntag wurde eine Kantate gesungen, die er zuvor mit den Thomanern einstudieren musste. Dafür hatte er lediglich Unterstützung von acht städtischen Musikern und von den Präfekten – Thomanern, die statt seiner dirigierten. Trotz der Aufgabenfülle und eines nicht gerade üppigen Grundgehalts von 100 Talern im Jahr widmete er sich zunächst voll der Kirchenmusik und schrieb regelmäßig neue Kantaten, teilweise allwöchentlich eine, obwohl er sich hätte auf bereits existierende Literatur verlassen können. Ziemlich bald flammte aber immer wieder Ärger mit dem Stadtrat oder mit einzelnen Rektoren der Thomasschule auf, zudem geriet dem Stadtpublikum die *Matthäuspassion* zu üppig.

Bach bemühte sich um Stellen anderswo. In einem Brief beklagte er sich 1730 bei seinem Schulfreund Georg Erdmann, dass in Leipzig »eine wunderliche un der Music wenig ergebene Obrigkeit ist«, sodass er »fast in stetem Verdruß, Neid und Verfolgung leben muß«. Nachdem die Stellensuche erfolglos blieb, zog er sich ab Anfang der 1740er so weit wie möglich aus dem musikalischen Geschäft vor Ort zurück. Zwar war er bis zu seinem Tod 1750 keineswegs untätig – immerhin entstanden in dieser Zeit die *Goldberg-Variationen*, das *Musikalische Opfer* für Friedrich II. und die *Kunst der Fuge*, ebenso wurde die *h-Moll-Messe* vollendet. Aber für diese Werke hat ihn die Stadt Leipzig nicht bezahlt. Bachs Auszeit hieß: Dienst nach Vorschrift, um sich in der gewonnenen Freizeit wichtigeren Dingen zu widmen. In der Thomas- und der Nikolaikirche ließ er sich vertreten. Dass man kaum neue Kirchenmusik aus dem letzten Lebensjahrzehnt Bachs kennt – im Gegensatz zu den Leipziger Anfangsjahren –, hat die Forschung lange Zeit darauf geschoben, dass diese Werke ungehoben in Archiven schlummern. Tatsächlich ist es denkbar, dass Bach sie schlichtweg nicht geschrieben hat.

Barockgärten:

Wie Relikte der Gartenkultur zwischen Vorzeigeplatten-bauten gelangt sind

Im 18. Jahrhundert gab es einen Ring aus Gärten um die Altstadt, die die Vorstädte begrünten. Die barocken Anlagen dienten dem Lustwandeln zwischen Pavillons, Plastiken und Springbrunnen, wenn auch freilich das Lustwandeln nicht für alle gedacht war. Angelegt von betuchten Bürgern, lässt sich in den Gärten ein gewisser Wille erkennen, den Adel beim Repräsentieren nach-zuahmen. Benannt wurden die ungefähr dreißig Anlagen nach ihren Besitzern, so etwa der Großbosesche Garten nach dem Rats-herrn Georg Bose, der auf der südlichen Seite des Grimmaischen Steinwegs 1692 den Anfang machte. Er brachte es gleich auf zwei Gärten – der andere hieß Kleinbosescher Garten. Achtzig Jahre später waren die Anlagen immer noch nicht aus der Mode, aber die Art ihrer Gestaltung hatte sich gewandelt. So tendierte der

Garten des Bankiers Eberhard Heinrich Löhr von Anfang der 1770er-Jahre schon sehr in Richtung Englischer Landschaftspark. Er befand sich im Norden, dort, wo es heute noch eine Löhrstraße gibt. Noch besichtigen lässt sich der Johannapark von Wilhelm Theodor Seyfferth, den der Bankier in Erinnerung an seine jung verstorbene Tochter im englischen Stil anlegen ließ und später der Stadt stiftete.

Verschwunden sind die barocken Anlagen im 19. Jahrhundert, weil die Grundstücke nach und nach anderen Zwecken zugeführt und schließlich mit Wohnsiedlungen bebaut wurden – die Industrialisierung und das Bevölkerungswachstum forderten ihren Tribut. Westlich der Innenstadt starteten die Bauprojekte wegen der Hochwassergefahr erst nach den notwendigen Flussregulierungen. Der Barock wich dort zunächst Gründerzeitbauten, die im Zweiten Weltkrieg allerdings schwer getroffen wurden. Der Wiederaufbau dauerte. 1982 wurde beschlossen, in der dortigen Kolonnadenstraße die Altbauten zu sanieren und gleichzeitig die entstandenen Lücken mit Plattenbauten zu schließen. Das Experiment schloss ein weiteres ein, nämlich die Bürgerbeteiligung. 1985 konnten die Mieter sich entweder über Fernwärme im Altbau freuen, oder sie wohnten in der mit Erkern verzierten Platte. Die Kolonnadenstraße legte die städtebauliche Messlatte hoch: Das Stadtbild blieb erhalten, der Wohnraum war günstig, und die Gründerzeit verschwand nicht ganz, sondern wurde mit den Fassaden aufgegriffen.

In die Kolonnadenstraße gelangt man über den Dorotheenplatz, von dem aus die Straßen des Viertels strahlenförmig abgehen. Sie folgen den Achsen des Barockgartens von Kaufmann Andreas Dietrich Apel. Auf dem Platz stehen seit 1994 Jupiter und Juno, Kopien zweier Plastiken von Balthasar Permoser, die einst neben anderen mythologischen Figuren Apels Garten schmückten.

✳

Beatdemo:

Warum es 1965 zur Zusammenrottung auf dem Leuschnerplatz kam

»Ist es denn wirklich so, dass wir jeden Dreck, der vom Westen kommt, kopieren müssen?«, fragte Walter Ulbricht im Dezember 1965 rhetorisch und trug seinen Entschluss vor: »Ich denke, Genossen, mit der Monotonie des Yeah, Yeah, Yeah und wie das alles heißt, ja, sollte man doch Schluss machen.« Schluss machten Honecker, Mielke und er erst mal mit den leisen Hoffnungen in der Bevölkerung, dass über die Jugendkultur ein wenig Öffnung und Toleranz eintreten könnten. Stattdessen erklärte man Rowdytum zu einer Straftat und führte damit einen Gummibegriff ins Gesetzbuch ein, der bedeuten konnte, dass jemand, der Beatmusik hörte, wegen Landfriedenbruchs oder »ideologischer Diversion« angeklagt wurde. Aus dem Herbst stammte das Verbot von 54 Leipziger Beatbands – es gab insgesamt 58 –, darunter auch die äußerst populären Butlers, eine Gruppe um Klaus Renft, die angesagte Westmusik wie Stones und Beatles nachspielte, allerdings in den Augen des Stadtrats »der sozialistischen Laienkunstbewegung Schaden zufügt« und »im Widerspruch zu unseren moralischen und ethischen Prinzipien« stand. Zwei Markkleeberger reagierten auf die Verbote, indem sie Flyer fertigten, um zu einer Demo am Reformationstag um zehn Uhr auf dem Leuschnerplatz aufzurufen. Presse und Lehrer warnten vor der Teilnahme und machten damit die Veranstaltung bekannter, als sie es je geworden wäre. Augenzeugen sprechen von 2000, die Polizei von 1000 Teilnehmern. Die Exekutive nahm 264 Personen fest, gut hundert davon durften noch am selben Tag mit wochenlanger Strafarbeit im Tagebau beginnen. Einer der Kundgebungsteilnehmer war der Schriftsteller Erich Loest, der das Geschehen in *Es geht seinen Gang* literarisch verarbeitete.

Baulöwe Schneider:

Wem die sanierte Innenstadt zu verdanken ist

Finster und morbide war die Stadt zur Wendezeit: An den Häusern bröckelte der Putz, nicht wenige waren abrissreif, und in der kälteren Saison lag der trockene Geruch von Kohleheizungen in den Straßen. Es musste fleißig saniert werden. Einer dieser Retter und Sanierer war Jürgen Schneider, Immobilienunternehmer aus Frankfurt am Main. 1990 kam er nach Leipzig. Er gehörte jedoch nicht zu jenen, die mit bunten Krawatten herumstolzierten, den Ossis das Blaue vom Himmel versprachen und ihnen nebenbei beizubringen versuchten, wie man richtig arbeitet. Er hatte sich schon im Westen auf die Sanierung von historischen Gebäuden spezialisiert und bescherte der Stadt mit »Schneider-City« ein weiteres, wenn auch eher kurzlebiges Etikett. Ebenso kurzlebig war sein Ruhm, seine Taten aber lassen sich heute noch bewundern. Über 60 Gebäude, weitgehend in der Innenstadt, wurden auf sein Engagement hin saniert, und zwar hochwertig und aufwendig. Die Banken finanzierten gerne und prüften wenig. 1994 fiel dann doch jemand auf, dass an seinen Renditeversprechen und Rechnungen etwas nicht stimmte, es gab eine Strafanzeige. Schneider floh nach Florida und wurde dort verhaftet. Die Banken führten das Engagement gezwungenermaßen größtenteils weiter und stellten Steibs Hof, Mädler-Passage, Romanushaus, Barthels Hof und all die anderen Gebäude fertig, etwa ein Zehntel der Innenstadt.

Ein bisschen passte Schneider in die Aufbruchstimmung nach der Wende. In der Phase der Anarchie schaute man nicht so genau hin und fragte auch nicht nach, wenn der »Wilde Osten« begeisterte. Das war die Zeit, als Deutsche-Bank-Vorstandssprecher Hilmar Kopper offene Handwerkerrechnungen in Höhe von 50 Millionen DM »Peanuts« nannte, was vielleicht angesichts von fünfeinhalb Milliarden DM Gesamtschulden gar nicht komplett falsch war. Außerdem passte es zum Leipziger Größenwahn, dass da jemand kommt und alles wieder hübsch macht, damit die einstige Boomtown an den Glanz alter Zeiten anknüpfen kann. Bis heute sehen viele Leipziger die Ereignisse nicht allzu kritisch, hat Schneider doch die Innenstadt gerettet – und das auch noch schnell. Wichtig ist schließlich, was hinten rauskommt.

✳

Berge in der Tieflandbucht:

Von Rodeln, Völkerschlacht und Schrottsammelplätzen

Der Bienitz in der Burghausener Zschampertaue ist so hoch und steil, dass sich hier mal die Anlage einer Rodelbahn gegen Eintritt lohnte. Die Lage Leipzigs in der Tieflandbucht lässt vermuten, dass Kinder es schwer haben, im Winter einen Rodelberg zu finden – wenn denn mal Schnee fallen sollte. Tatsächlich ist die Stadt mit ihrem Umland vorwiegend eben bis ganz leicht wellig. Doch der Eisrand der Saalekaltzeit hat Reste hinterlassen, zum Beispiel besagten Bienitz mit 129 Metern, den Wachberg mit 134 Metern bei Rückmarsdorf oder den Schwarzen Berg (179 Meter) Richtung Taucha. Vom Monarchenhügel in Liebertwolkwitz (159 Meter) blickten seine Namensgeber auf die Völkerschlacht, in Holzhausen gibt es den Colmberg, und beim Tanzberg in Kleinzschocher vermutet man eine ehemalige sorbische Kultstätte – immerhin hat man an dieser Stelle eine Kirche errichtet und somit die Kulttradition fortgeführt. Der Bergbau hat den natürlichen Erhebungen weitere hinzugefügt. Die Halde Trages ragt 231 Meter über dem Meeresspiegel in die Landschaft und bildet damit eine der höchsten Erhebungen in Leipzigs Umgebung. Allerdings kann die Stadt auf diesen Superlativ keine Ansprüche erheben.

Ähnlich ist es mit der Crostewitzer Höhe am Markkleeberger und dem Orchideenhang am Störmthaler See. Der Rodelberg am Kulkwitzer See befindet sich dagegen auf Leipziger Boden. Ein anderes Modell der Errichtung von Landmarken ergab sich aus dem Sammeln von Schutt. Der finstere Porphyrkoloss, der in Probstheida an die Völkerschlacht erinnert, steht auf einer solchen Kippe. Auf 153 Meter über dem Meeresspiegel bringt es der Fockeberg in der Südvorstadt, der nach dem Zweiten Weltkrieg aus Schutt und Gebäuderesten entstand. Der Stadtplan verzeichnet den Fockeberg als Scherbelberg, ein weiterer Scherbelberg befindet sich Richtung Kleinzschocher. Der Rosentalhügel und der Nahleberg in Möckern sind ebenfalls bessere Mülldeponien.

12

Boomtown:

Arbeit ja, aber zu welchem Preis?

In den vergangenen Jahren hat es die Leipziger Arbeitslosenquote ein paarmal unter die Marke von zehn Prozent geschafft. Dieses Jobwunder basiert vor allem auf einem: prekärer Beschäftigung. Diese ist häufig befristet, findet in Teilzeit statt oder wirft Löhne ab, die kaum zum Leben reichen. Menschen, die sich in der Stadt niederlassen möchten, erhalten stets den wertvollen Hinweis, es gäbe hier weder Jobs noch Geld. Und seit Jahren wird allgemein bedauert, dass junge Leute zwar zur Ausbildung herkommen, danach aber weiterziehen, weil sie nicht übernommen werden. Manche lassen sich noch ein paar Jahre für einen schmalen Taler von einem Preisvergleichsportal oder einem Callcenter anstellen, bis sie am Ende entnervt aufgeben und sich lieber eine Stelle im Odenwald oder in Niederbayern suchen.

Das Elend in der Region, wo einst Industrie und Handel blühten, begann in den frühen Neunzigern. Die Betriebe schlossen reihenweise, die Zahl der Arbeitsplätze sank in kurzer Zeit um gut neunzig Prozent. Die Stadtspitze setzte damals auf Dienstleistungen. Um die Jahrtausendwende schien sich die Sache dann doch noch zu drehen. Porsche und BMW kamen, Flughafen und Messe wurden neu gebaut, Amazon lässt sich vom Jobcenter Arbeitskräfte für das Weihnachtsgeschäft liefern, und DHL gehört zu den Logistikunternehmen, die 2015 in Europas neuem Logistikdrehkreuz 33 213 Leute beschäftigten. Um Porsche und BMW haben sich längst Zulieferer angesiedelt, Energie und Umwelttechnik konnten seit 2004 Zuwächse verzeichnen, ebenso Gesundheit und Biotechnologie. Gestiegen sind sogar die Beschäftigtenzahlen in den Bereichen Medien und Kreativwirtschaft.

Tatsächlich hat die Stadt erst 2013 den Titel »Armutshauptstadt« an Dortmund weitergereicht. In Leipzig ist damit jedoch noch lange nicht der Reichtum ausgebrochen, und in Lohn zu stehen heißt nicht, Geld zu haben. Das durchschnittliche monatliche Haushaltsnettoeinkommen lag 2015 bei 1665 Euro, der Bundesdurchschnitt 2014 bei 3147 Euro. Die Einkommen in Leipzig steigen zwar seit einigen Jahren leicht, jedoch gibt es die Tendenz zur Einkommensspreizung – und die macht sich zunehmend auch in den Stadtvierteln bemerkbar: Die Wahrscheinlichkeit, dass in der Nachbarschaft einer Familie mit zwei SUVs eine Familie lebt, die sich kein Auto leisten kann, sinkt.

Die verbreitete Klammheit dank Niedriglohnsektor bewirkt eine stets klamme Lage auch in der Stadtkasse, es fließen eben weniger Steuern. Mögen Unternehmen auch noch so sehr über Fachkräftemangel jammern, in den Löhnen schlägt sich das nicht unbedingt nieder – knapp ein Fünftel der Vollzeitstellen sind niedrig entlohnt. Mit dem Mindestlohn mag sich das Bild in Zukunft ein wenig wandeln, ein üppiges Auskommen ist damit freilich immer noch nicht erreicht. Die geringen Löhne sind auch kein Einstiegsphänomen, sondern werden für die Arbeitnehmer gerne zur Sackgasse. Das Jobwunder Leipzig steht also auf wackeligem Boden und wird nicht zuletzt von denen geschultert, die sich von Vertrag zu Vertrag hangeln oder – ganz im Sinne der Leipziger Großspurigkeit – einfach selbstständig versuchen, was loszumachen. Auch sie leisten ihren Beitrag zum Wirtschaftscluster Kreativität.

Better Berlin:

Wie ein Zitat, das keines ist, aus Leipzig »Hypezig« machte

Schon 2009 erklärte die Lufthansa in einer Werbeanzeige, Leipzig sei nach Berlin die neue Kreativhauptstadt. Anfang 2010 schrieb die »New York Times« über die Leipziger Untergrundmusikszene, sie erinnere an Berlin und empfahl die Stadt als einen von 31 unbedingt sehenswerten Orten. Im selben Jahr schrieb dieselbe Autorin in derselben Zeitung in einem Text über die vielfältige Kunst- und Musikszene Leipzigs, dass Bach heute experimentelle elektronische Tanzmusik machen würde, und zitiert einen Protagonisten, der Leipzig mit dem Berlin der frühen Neunziger vergleicht. Zwei Jahre später titelte »Der Spiegel« »Wie Berlin, nur besser«. Der Text liefert szenische Beschreibungen eines Geschehens, das sich so nicht zugetragen haben kann und vor lauter Journalistenschulenprosa nur so trieft. Zu der Zeit sicherte sich der Betreiber von Auerbachs Keller den Slogan »Leipzig, das bessere Berlin«. Die Berichterstattung über dieses Investment wurde mit der Behauptung garniert, das mit dem »besseren Berlin« habe die »New York Times« gesagt. Hat sie zwar nicht, aber die Behauptung war ebenso in der Welt wie der selbstgefällige Verweis auf die internationale Presse, deren Aufmerksamkeit sich die Stadt vor allem wegen ihrer Andersartigkeit – also das Gegenteil von Auerbachs Keller – nun mal verdient hat.

Der Berlin-Leipzig-Vergleich ist nicht der erste in der Geschichte. »Schwaben zurück nach Berlin« forderten folglich 2013 Graffitis vor dem Hauptbahnhof und in der Karl-Heine-Straße, auch als wohlmeinende Warnung an die Karawane, die von der Hauptstadt herankam, nachdem man gemerkt hatte, dass es mit Selbstverwirklichung und Freiräumen im immer teurer werdenden Berlin schwierig ist. Gleichzeitig war es vielleicht auch eine Warnung nach innen: Wenn fast im Wochentakt in irgendeiner Zeitung vom tollen Leipziger Lebensgefühl zu lesen ist, ziehen solche Geschichten auch Leute an, die das Projektprekariat aus ihren Wohnungen schmeißen, um sich im schicken Loft einzurichten. Da hatte das Stadtmarketing längst erkannt, dass es einen Hype gibt und schnürte Medienleuten Pakete zum Thema »kreative Stadt«. Plötzlich wurden die vermeintlichen Leipziger Abweichungen hervorgehoben, die exotischen Lebensstile ohne Bausparvertrag oder betriebliche Altersvorsorge. Verrückt! Und so leicht zu erreichen – ein Wochenendtrip genügt. Freiräume gibt es schließlich auch in Vorpommern, viele sogar, aber die Leute dort tun nichts Angesagtes, und wenn sie Lebenskünstler sind, dann auf eine gänzlich unhippe Art und Weise.

Schon Ende 2012 prägte Blogger und Schriftsteller André Herrmann den Begriff »Hypezig«, der seine Genervtheit von Medienberichten über das ach so coole Leipzig ausdrücken sollte. Die Wortschöpfung wurde dankbar aufgegriffen und tauchte nun in fast jeder euphorischen Leipzig-Geschichte auf, in der gute Stimmung rüberkommt, aber über die tatsächliche Lage vor Ort wenig gesagt wird. Immerhin: Auch kritische Presse gab es, die daran erinnerte, dass jeder Hype verschwindet, weil mit dem Hype schwindet, was ihn einst zum Hype gemacht hatte. »Hypezig« gab dem Ganzen einen Namen und kanalisierte mit dem Hypezig-Bashing eine Anti-Hypezig-Gegenströmung. Das hinderte Studenten der Uni nicht daran, eine »Likezig«-Werbekampagne zu ersinnen (»Weil wir Leipzig lieben«), die 2015 die Festspiele zu 1000 Jahre Ersterwähnung in Grün, Gelb und Blau begleitete. Wer bis dahin nicht daran glauben wollte, sah nun klar vor Augen: Leipzig wird nie das neue Berlin.

14

Bisons und Wasserbüffel:

Landschaftspflege im Südraum

Als der Tagebau Cospuden zum Cospudener See wurde, haben sich um den See auch Pflanzen angesiedelt, die offenes Land, Licht und Wärme mögen. Manche von ihnen sind selten oder gar vom Aussterben bedroht, weshalb man sich dagegen entschied, dort überall Hochwald anzupflanzen. Stattdessen entstanden lichte Wälder und Bereiche mit Offenland. Damit das freie Land nicht mit Büschen zuwuchert, wird es von Bisons, Schafen, Ziegen und Sikawild abgegrast. Die zotteligen Gehilfen des Stadtförsters leben teilweise das ganze Jahr über draußen und halten den Boden fruchtbar: Die Tiere futtern in schöner Landschaft und sorgen damit für deren Pflege und für den Artenschutz – das nennt man wohl eine Win-win-Situation.

15

Brühl und Messeprivileg:

Wie an Via Regia und Imperii ein Handels- knotenpunkt entstand

Die Leipziger Tieflandsbucht war schon in der Eisenzeit eine Kontaktzone zwischen verschiedenen Kulturen. Auch zur Bronzezeit und zu Zeiten der Völkerwanderung machten Menschen hier halt. Die Franken hielten sich lieber an Dresden, Meißen und Merseburg, dafür siedelten die Slawen ab etwa 600 in der Tieflandsbucht. Am westlichen Ende des heutigen Brühl haben dann die Franken im 10. Jahrhundert doch noch eine Burg errichtet, im 11. Jahrhundert erwähnt der Chronist Thietmar von Merseburg die »urbs Libzi« als Sterbeort des Bischofs von Meißen. 1165 erteilte Markgraf Otto der Reiche von Meißen dem Ort das Stadtrecht und Marktprivileg – es kam nun endlich Leben in die Bude, zumal das Geleitschutzprivileg ein Jahrhundert später für den Fernhandel interessant war. Es zeigte sich, dass das Siedeln im Sumpfland keine schlechte Idee war, denn immerhin kreuzten sich hier die zwei großen Handelsstraßen Via Regia und Via Imperii.

Die Messen, abgehalten nach dem Gottesdienst an Feiertagen, wurden Ende des 15. Jahrhunderts zu eigenständigen Warenmessen zu Ostern, im Herbst und zu Neujahr, die nicht nur die ansässigen Kirchgänger anzogen, sondern auch weiter angereiste Interessenten. 1597 erklärte Kaiser Maximilian I. die Stadt zur Internationalen Reichsmesse und rief wenig später drei jährliche Messen ins Leben. Das 1507 eingeräumte Stapelprivileg legte einen Radius von 115 Kilometern um Leipzig fest, innerhalb dessen keine andere Stadt Messen abhalten durfte – Pech für Erfurt, Halle oder Magdeburg, Glück für die hiesigen Kaufleute, deren Wohlstand gesichert war. Der Brühl wurde zum Zentrum für den Pelzhandel. Der Grundstein für diese Entwicklung wurde schon zu Beginn des 15. Jahrhunderts mit dem Schutzbrief des Kurfürsten Friedrich I. für die Leipziger Juden gelegt, die überdurchschnittlich viel im Fernhandel mit Rauchwaren zu tun hatten.

Der Buchdruck sorgte dafür, dass sämtliche Gewerbe rund um die Herstellung von Büchern und deren Vertrieb ihren Platz in der Stadt fanden. Dank industrieller Produktion und schneller Eisenbahnverbindungen wurden ab 1895 Mustermessen abgehalten. So kam die Leipziger Messe auch zu ihrem Logo mit dem doppelten M. In der Innenstadt entstanden Messehäuser, aus den Durchgangshöfen entwickelte sich das Passagensystem. Die zwei Weltkriege und der Kalte Krieg besorgten dann den Niedergang des einst florierenden Handels. Nach 1990 wurden keine Universalmessen mehr abgehalten, das Geschehen auf dem Messegelände verlagerte sich auf thematische Fach- und Publikumsmessen. Viele Besucher zieht die Modell-Hobby-Spiel-Messe an, jährliche Rekorde feiert die Buchmesse.

Buchstadt:

Von der ältesten Buchmesse zum größten Lesefest

Die erste Buchmesse war im Jahr 1493, und natürlich fand dieses Ereignis in Leipzig statt. Die des Lesens nicht mächtige Allgemeinheit wird nicht viel davon gehabt haben. Dem Status als Buchstadt – im ewigen Wettlauf mit Frankfurt/Main – ist es zu verdanken, dass in Leipzig entsprechende Archive, Museen und die Deutsche Nationalbibliothek angesiedelt sind. Außerdem steht hier die Blindenbibliothek, und es wird rund ums Buch ausgebildet: Das Deutsche Literaturinstitut lehrt literarisches Schreiben, die Buchgestaltung wird an der Hochschule für Grafik und Buchdruck vermittelt und die Hochschule für Technik, Wirtschaft und Kultur (HTWK) bringt ebenso Leute für Verlage und den Buchhandel hervor wie die Buchhandelsschulen.

Die Buchmesse setzte zu Beginn des 20. Jahrhunderts mehrfach aus, ab 1956 fand sie wieder jährlich statt und konnte auch die Wendezeit und die wirtschaftlich schwierige Situation Anfang der Neunziger überstehen. Sie ist inzwischen die zweitgrößte Deutschlands – ja, nach Frankfurt – und zieht großen Vorteil daraus, dass sie sich im Gegensatz zur Messe am Main auch dem Publikum öffnet, das weder Bücher herstellt noch verkauft, sondern einfach nur liest. Entsprechend nennt sich das Lesefest um das Ständeauf- und -abbauen auf dem Messegelände »Leipzig liest«. Seit 1991 wird in der ganzen Stadt und über ihre Grenzen hinaus gelesen, vorgelesen, zugehört und debattiert. Im März 2016 waren das über 3400 Veranstaltungen an mehr als 550 Orten, die Besucherzahlen können nur geschätzt werden. Gezählt wurden dagegen die Besucher der Messe selbst, die sich jedes Jahr selbst übertreffen. 2016 kamen 285 000 Leute.

17

Bürger:
Wie Engagement von unten seit jeher das Stadtleben bereichert

Alles muss man selber machen. Nicht darauf zu warten, dass der König oder der Stadtrat die Dinge in die Hand nimmt, hat freilich den Vorteil, sie mitzugestalten und ihnen einen eigenen Akzent zu verleihen. Selber anpacken kann allerdings auch dann notwendig werden, wenn der Staat seinen Pflichten nicht nachkommt. Dies ist bei den Parkseminaren der Fall. Die ehrenamtliche Parkpflege begann in Sachsen Anfang des 20. Jahrhunderts, wurde beim Kulturbund der DDR weitergeführt und dauert bis heute an, indem Leute in ihrer Freizeit unter fachkundiger Anleitung Grünanlagen und Gartendenkmäler aufmöbeln, für deren Erhalt Geld und Personal fehlen. Die Stiftung Bürger für Leipzig mischt nicht nur dabei mit, sie kümmert sich auch darum, dass die Stadt neu bepflanzt wird – mit der »Leipziger Mischung« des Künstlers Reinhard Krehl ist ein Samentütchen für Wildblumen zusammengestellt worden, das jeden Balkon aufwertet und auch städtischen Beeten zu Blütenpracht verhilft. Ein Teil des Verkaufserlöses fließt wiederum in das Stiftungsprojekt »Ein Garten für Leipzig«. Auch Patenschaften für Bänke, Bäume oder Rosen verbessern die Lebensqualität in der Stadt. Ist ein Bürger Baumpate, stellt er die Pflege eines bestimmten Baumes durch die Stadtgärtner sicher. Die Stiftung kümmert sich außerdem um benachteiligte Kinder, kleinere soziale, bauliche und historische Projekte und um die musikalische Bildung.

Bürgerliches Engagement in Stiftungen hat in Leipzig eine lange Tradition. Gerne haben Verleger, Kaufleute oder Bankiers etwas gestiftet, geschenkt oder bauen lassen. Beispiele lassen sich im sozialen Wohnungsbau finden oder in zahlreichen Sammlungen, die den Grundstock heutiger Institutionen bildeten. Die 1894 vom Verlag Breitkopf & Härtel eröffnete Musikbibliothek ging 1901 an die Stadt über. Der Inhaber des anderen Musikverlags, Max Abraham von der Edition Peters, gründete 1893 ebenfalls eine Musikbibliothek aus Privatmitteln, die sich der modernen Musik verschrieben hatte und gratis genutzt werden konnte. 1953 entstand aus den 25 000 Bänden der Sammlung zusammen mit der Musikbücherei und der Musikabteilung der Stadtbibliothek die Musikbibliothek der Stadt. Inzwischen gehört die Peterssammlung wieder der Familie. Eine andere Sammlung begründete das Grassimuseum für Musikinstrumente, und die Stiftung für Innovation und Technologietransfer fördert Professuren, verleiht den Innovationspreis Leipzig und unterstützt das mitteldeutsche Archivnetzwerk. Dazu gibt es öffentliche Gelder. Die Kulturstiftung wiederum unterstützt den Denkmalschutz und gibt die »Leipziger Blätter« zur Stadtkultur und Kulturgeschichte heraus. Die Bürgerstiftung, inzwischen Leipzigstiftung, beruft sich auf eine Tradition seit 1799, in der sie viele Projekte von Kunst und Kultur über Jugend, Wissenschaft bis zum Naturschutz fördert.

So manches, was heute etabliert ist, entstand in den Jahren der Anarchie nach dem Mauerfall. Während man im Rathaus Plakate mit dem Slogan »Leipziger Freiheit« druckte, haben die Einwohner der Stadt Kunst gemalt, Theater gespielt und leer stehende Häuser sinnvoll genutzt. Schon vor der Wende begannen bürgerliche Initiativen gegen den Braunkohletagebau in der Umgebung zu protestieren, und so wurde Cospuden bereits 1990 geschlossen. Neue Ufer bescherte der gleichnamige Verein, der sich dafür einsetzte, die verrohrten Mühlgräben südlich und westlich der Innenstadt wieder ans Licht zu bringen. Auch der Parkbogen Ost ist eine Bürgeridee, sozusagen eine Vision der Stadtentwicklung von Bürgern für Bürger, die das Amt für Stadterneuerung und Wohnungsbauförderung dann aufgenommen hat. Das Gesicht Leipzigs wäre also ohne den Bürgersinn ein ganz anderes, auch der Alltag verliefe ganz anders. Apropos Mauerfall: Übrigens waren es Bürger, keine Könige, die am 9. Oktober 1989 um den Ring liefen.

✳

Capa-Haus:

Der letzte Tote des Zweiten Weltkriegs

Die Capastraße hat ihren Namen erst seit dem 18. April 2015. Ein Text auf dem Straßenschild erklärt, dass Robert Capa in der gegenüberliegenden Jahnallee 61 ein Foto machte. Es war siebzig Jahre zuvor, am 18. April 1945, als der Fotograf sich ins Eckhaus begab, in dem sich US-Soldaten befanden, um die Eroberung der nahe gelegenen Zeppelinbrücke zu decken. In einer Wohnung fotografierte er Raymond Bowman, auch, als den ein Schuss getroffen hatte. Capa sprach später vom »letzten Toten«. Veröffentlicht wurde das Bild als Teil einer Serie im »Life Magazine« kurz nach der Kapitulation der Deutschen Wehrmacht. Bowman war damals der unbekannte Soldat. Die Genehmigung, das Haus abzureißen, war bereits erteilt, als sich eine Bürgerinitiative 2011 daranmachte, es als geschichtsträchtigen Ort zu erhalten. Sie recherchierten den Namen des jung gefallenen Soldaten. Ein Investor machte sich an die denkmalgerechte Sanierung, im Erdgeschoss gibt es ein Café mit Ausstellungsraum. Und seit April 2016 ist die Straßenecke vor dem Haus in Bowmanstraße umbenannt.

Cospudener See:

Liebling im Neuseenland

Der Cospudener See ist nach dem Dorf Cospuden benannt, das sich einst dort befand, wo heute der Grund des Sees ist. Es ist nur eine von 70 Ortschaften, die in den letzten 150 Jahren im Raum Leipzig an die Braunkohle geopfert wurden. Jemand will gezählt haben, dass pro Badesaison etwa eine halbe Million Menschen an die Ufer des »Cossis« strömen. Das ist einmal der guten Erreichbarkeit von der Leipziger Innenstadt aus zu verdanken. Dann ist der Cossi schon seit 2000 fertig geflutet. Das ist viel Zeit für die Landschaft, die den Eindruck erweckt, als sehe sie schon immer so aus. In dieser Zeit konnten sich auch die Infrastruktur am See und die Badestellen ausdifferenzieren. Der Nordstrand ist eher eine Art Laufsteg. Da sitzen Leute in sorgfältig ausgewählter Garderobe und beobachten hinter den Gläsern ihrer Sonnenbrille, ob auch alle ihren schönen Körper bewundern. Anderswo spielen Jugendliche Beachvolleyball, gucken Boote oder kehren der Welt in einem privaten Eckchen direkt am Wasser den Rücken. Auch auf dem knapp zwölf Kilometer langen Rundweg ist immer Bewegung. Da versuchen Jogger, Radfahrer und Inlineskater mit Gassigehern und von fröhlichen Gruppen besetzten Tretmobilen zu koexistieren. Unterwegs kann, wer sich traut, die Aussicht vom Turm auf der Bistumshöhe genießen oder an dessen Fuß eine Bisonbockwurst essen. Manch einer bleibt gleich an der nördlich gelegenen Lauer, die Ende der Siebziger als Kiesgrube für die B 2 entstanden ist. Hier ist es so einsam und idyllisch, dass sich auch mal Großlibellen raustrauen.

20

Drallewatsch:

Wie eine Kneipenmeile zu ihrem wenig populären Namen kam

Spätestens seit den Neunzigern ist es ein Teil des Marketings von Städten rund um die Welt, mit Kneipenmeilen zu werben. Schon allein mit dem Begriff wird das Bild fröhlicher Gemütlichkeit hervorgerufen, er enthält außerdem das Versprechen von Geselligkeit, bei der die Brücke zwischen zwei Menschen schnell geschlagen ist. Die Aufforderung lautet: »Wir in unserer schönen Stadt können gut feiern, machen Sie doch einfach mit!« Touristiker glauben, dass das Vorhandensein einer Kneipenmeile Gästen die Entscheidung für eine Stadt erleichtert. Und die Kneipiers rechnen damit, dass sich die Ballung von Erlebnisangeboten positiv auf die Verweildauer der Gäste und ihre Umsätze auswirkt. In diese Richtung dürften die Erwägungen der Wirte vom Barfußgässchen gegangen sein, als sie sich 1996 zusammentaten. Sie tauften ihre Gasse »Drallewatsch« und behaupteten, es handele sich bei dem Namen um einen ursächsischen Begriff für »von Kneipe zu Kneipe schlendern« oder »etwas erleben«. Seitdem ist dieses eher urseltsame Wort ein verlässlicher Teil des Tourismusmarketings. In Reiseführern haben der Drallewatsch und die Legende um seine Entstehung ein Eigenleben entwickelt. Mal wurde er von zwei Wirten gegründet, mal von zwei Dutzend. Manche beschreiben die Gasse als Viertel, selten fehlen das Attribut »berühmt-berüchtigt« und die Behauptung, die Einheimischen sprächen »liebevoll« von ihrem Drallewatsch. Bei Anfang und Ende ist sich die Autorenschaft unsicher: Die einen verorten das berühmt-berüchtigte Vergnügungsviertel zwischen Markt und Dittrichring, die anderen zwischen Brühl und Neuem Rathaus. Der Leipziger jedenfalls ist im Barfußgässchen nicht überproportional vertreten. Und wenn er sich dort verabredet, sagt er – ganz profan – »Barfußgässchen«.

21

Essbare Stadt:

Wo Wildobst auf die Ernte wartet

Wildobst muss keinesfalls süß sein. Deshalb ist die Verarbeitung von Cido, Kornelle oder Mahonie auch immer eine Herausforderung. Eben wegen der Süße oder gerade wegen ihres Mangels geht es da zunächst um die Frage von mehr oder weniger Zucker beim Marmeladenkochen. Wichtig sind auch der Pektinanteil der Früchte und die Schnelligkeit, mit der sie reifen und vom Baum fallen. Und über allem steht natürlich die Frage, welche Früchte überhaupt schmecken.

Wildfrüchte werden derzeit in Westeuropa wiederentdeckt. Manche sollten keine Unbekannten sein, die Cido gibt es zum Beispiel in vielen Gärten. Auch die Mahonie ist ein in vielen Gärten und öffentlichen Anlagen anzutreffender Strauch, der der Zierde dient, ohne dass die Gärtner daran denken, aus den Beeren Marmelade, Likör oder Wein herzustellen. Die Kornelle wiederum ist ein Baum, der sehr früh im Jahr blüht und deshalb gerne in Parks gesetzt wird. Im März, wenn die Pflanzenwelt noch schmucklos ist, sind die gelben Blüten der Hingucker.

Ähnlich ist es mit der Felsenbirne. Sie wächst nicht an Felsen und ist auch keine Birne. Stattdessen ist eine gewisse Ähnlichkeit mit Äpfeln nicht zu leugnen: Die mit einem Zentimeter Größe nur winzig zu nennenden Früchte sind kugelförmig und tragen einen Stiel. Diese dunkelvioletten bis bläulichen Äpfelchen sind in Büscheln angeordnet und können Ende Juni bis Anfang Juli geerntet werden. Die Felsenbirne steht aber nicht deswegen in hiesigen Gärten und Parks, sondern zur Deko: Im Frühling blüht das Gehölz silberweiß, im Herbst leuchten die Blätter orange bis tiefrot. Bei den Gärtnern ist sie außerdem beliebt, weil sie wenige Ansprüche an die Bodenqualität stellt und winterhart ist. Die Früchte sind reich an Vitaminen und eignen sich roh als Snack, lassen sich aber auch hervorragend zu Marmelade, Sirup oder als Trockenfrucht verarbeiten. In Leipzig steht das Wildobst unter anderem gegenüber dem Amtsgericht, am Täubchenweg oder im Erholungspark Lößnig-Dölitz. Diese und weitere Standorte sind auf der regionalen Erntekarte frucht-bar.org verzeichnet, die insgesamt 23 Früchte von Apfel über Mahonie bis zur Berberitze listet. Wer keinen Garten hat und nicht mal einen Balkon, aber trotzdem mit eigenen Händen ernten will, ist hier richtig, denn das Essen wächst am Wegesrand. Genannt werden nur die Standorte, an denen das Sammeln erlaubt ist, die Besitzer sind in Kenntnis gesetzt und haben ihr Einverständnis gegeben.

Eisenbahnstraße:

Warum die »schlimmste Straße Deutschlands« gar nicht schlimm ist

Seit 2002 gibt es jährlich ein Programm in den Quartieren östlich des Rings, zunächst unter dem Namen »Ostentdeckungen«, danach »Ostlichter« genannt. Dass es da was zu entdecken gäbe, mögen nicht wenige Leipziger bezweifeln, denn der Osten an und für sich hat ein Imageproblem. Der Osten, das sind Ausländer und Arbeitslose, Armut und Kriminalität. Als vor ein paar Jahren Pro Sieben die Neustadt-Neuschönefeld und Volkmarsdorf durchquerende Eisenbahnstraße zur »schlimmsten Straße Deutschlands« erklärt hatte, wurde die Andersartigkeit der Ecke noch einmal im Bewusstsein verankert, und so manch einer glaubt, dass dort täglich Familienclans mit Dönermessern aufeinander losgehen oder Rockerbanden um sich schießen.

Zu DDR-Zeiten hieß die »Eisi« Ernst-Thälmann-Straße. Das einstige Arbeiterquartier war eine nicht unwichtige Keimzelle der Ereignisse 1989. Zum Ende der DDR besetzten dort wie in den Nebenstraßen Studenten, Künstler, Ökos und Friedensbewegte leer stehende Häuser. Pfarrer Christoph Wonneberger von der Lukaskirche hat als Organisator der Friedensgebete die Montagsdemos gewissermaßen vorbereitet. Nach der Wende leerten sich die verfallenden Häuser, längst gibt es hier nicht mehr eine Kneipe neben der nächsten und ein Geschäft am anderen. Der Osten wurde migrantisch – einen Ausländeranteil von 24 Prozent findet mancher Leipziger hoch, immerhin ist das doppelt so viel wie im Durchschnitt der Stadt. Die Struktur von Einzelhandel und Gastronomie wird derzeit von Dönerbuden, A&Vs, Telefonläden und Spielotheken dominiert.

Erstaunlich spät hat die Jugend die Möglichkeiten dieses innenstadtnahen Viertels erkannt – die Immobilienpreise haben sich dann auch gleich verdoppelt. Man nutzt, was man vorfindet, und fühlt sich heimisch. Eröffnet in einem Ladengeschäft, das sicher schon seit 1992 keine Einrichtung mehr gesehen hat, eine Studentenkneipe mit billig Pfeffi und Kirsch, das hat zwar nicht so viel mit der lokalen Kiezkultur zu tun, wird aber solange gefeiert, wie es den Laden gibt. Diese jungen Leute sagen »Railway Street«, und wenn sie genug haben von Pop-up-Kneipen, dürften sie das Viertel aufs Neue verändern, weil sie bestimmte Bedürfnisse haben. Nach Kontinuität zum Beispiel, nach einem ganz normalen Café oder nach einem Plattenladen. Und irgendwann auch nach Kinderklamotten aus Filz, die sich kein Hartz-IV-Empfänger leisten kann.

23

Eisvogel:
Wie ein buntes Tier Träume verhindert

Das Papier »Gewässerlandschaft im mitteldeutschen Raum« behandelt in erster Linie den Wassertourismus. Es lässt erahnen, was in Politik, Immobilienwirtschaft, Hotellerie und Gastronomie so geträumt wird. Das Highfield-Festival am Störmthaler See und das Melt! in Ferropolis bilden nur einen Aspekt der neuen Lust am Wasser. Die Massen sollen in Feriendörfern ihren Jahresurlaub verbringen und ausgiebig Wassersport betreiben. So werden Arbeitsplätze geschaffen und die Steuereinnahmen erhöht, Wassertourismus ist nämlich kein Spaß, sondern Wirtschaftsförderung. Es wurden sogar schon Paddler aus Hamburg gesichtet, die in Leipzig am Lindenauer Hafen anlegen, oder Familien, die an einem mitteldeutschen See Urlaub machen.

Damit der Boom so richtig losgehen kann, sollten ihm keine Hindernisse im Weg stehen. Hinderlich ist aber der Floßgraben, ein kleines Gewässer im südlichen Auwald, der für viel Geld auf seine Rolle als einzige Verbindung zwischen den Gewässern in der Innenstadt und dem Cospudener See vorbereitet wurde. Dort brütet nun seit einigen Jahren der Eisvogel. Der steht nicht nur unter Naturschutz, sondern gilt auch als empfindlich – jedenfalls in Leipzig –, und deshalb darf der Floßgraben immer nur für ein paar Stunden befahren werden, insgesamt haben Paddler – Motorboote sind ohnehin verboten – sieben Stunden am Tag.

So stellt sich die Frage, wofür das Grün in der und um die Stadt eigentlich da ist und wie weit der Naturschutz in einem Landschaftsschutzgebiet gehen darf. Der Eisvogel am Floßgraben zeigt, dass für manchen in der Stadt wirtschaftliche Interessen wichtiger sind als Naturschutz, für andere hingegen der Naturschutz über allem steht. Ist dann Wassertourismus in Leipzig überhaupt möglich? Ja, ist er. Der Kulkwitzer See hat jedes Jahr eine halbe Million Gäste, und auf sein Konto gehen 35 000 Übernachtungen.

24

Enklaven an der Peripherie:

Wie eingemeindete Dörfer sich dem Urbanen verweigern

Der Weg nach Gottscheina – seit 1997 zu Leipzig gehörend – führt über eine einsame Straße, an der die Schwalben auf von Telegrafenmasten gehaltenen Leitungen sitzen. Die Reise in die Vergangenheit geht im Ort selber weiter: Dorfplatz, Kirchlein, Angerteich, Fachwerkhäuser. Hier ist die Welt noch in Ordnung, nur die Kneipe fehlt. Breitenfeld, der kleine Gutsweiler (gehört zu Leipzig seit 1999), war sogar Schauplatz großer Schlachten und mithin europäischer Geschichte. Zweimal besiegten hier die Schweden im Dreißigjährigen Krieg die Franzosen, woran das Gustav-Adolf-Denkmal mit »Gustav Adolf / Christ und Held / rettete bei Breitenfeld / Glaubensfreiheit für die Welt« erinnert. Während der Völkerschlacht kam es hier ebenfalls zu Kämpfen. Breitenfeld liegt nördlich von Lindenthal, das sich wiederum nördlich von Möckern befindet und nicht minder dörflich daherkommt, wenn auch mit leicht urbanem Zungenschlag. Zum Beispiel gibt es in Lindenthal ein Ökobad und eine jugendlich wirkende Kneipe, außerdem ein geradezu herrschaftliches Rathaus und eine nicht zu niedlich geratene Kirche. Immerhin hat die Eisdiele bei schönstem Sommerwetter nicht geöffnet, es ist schließlich Sonntag.

Nimmt man Möckern zum Ausgangspunkt für eine Fahrt Richtung Halle, folgen Wahren und Lützschena-Stahmeln und dahinter Hänichen und Quasnitz (seit 1999 zu Leipzig gehörig). Die Ortsanlagen letzterer sorbischer Gassendörfer aus dem 7. oder 8. Jahrhundert (!) sind noch zu erkennen. Das alte Hänichen beginnt in der heutigen Straße namens Elsteraue, an der auch die Hainkirche liegt, die frühere Hänicher Mühle ist auf dem Grundstück am westlichen Ende der Dorfstraße zu finden. Sonst ist hier passiert, was auch in weiten Teilen von Wahren und Lützschena-Stahmeln passiert ist: Leute haben sich Eigenheime gebaut, leider nicht nur zu Beginn des 20. Jahrhunderts, als man bei den Villen noch auf Historismus und Jugendstil achtete oder sich – wie bei der Gartenstadt Quasnitz – gleich an höheren Ideen der Stadtplanung orientierte.

Wie Gottscheina liegen Göbschelwitz und Hohenheida (seit 1997 zu Leipzig gehörig) bereits jenseits des Autobahnrings. Die slawischen Runddörfer erfuhren im Hochmittelalter eine Erweiterung zu Straßenangerdörfern. Im 20. Jahrhundert kamen in Hohenheida ein paar Villen hinzu, und ein Wohngebiet wächst Richtung Göbschelwitz. In Göbschelwitz sind lediglich ein Mehrgeschosser für Beschäftigte der Landwirtschaft, ein paar LPG-Gebäude und in den Neunzigern ein kleines Reihenhausgebiet entstanden. Ansonsten auch hier: Höfe, Dorfteich, Schule und in Hohenheida ein Pfarrhaus.

25

Wie der Erfinder der vierten Dimension die moderne Psychologie begründete

Gustav Theodor Fechner lebte im 19. Jahrhundert. Er war Psychologe und Physiker und brachte beide Bereiche in der von ihm begründeten Psychophysik zusammen, in der er erforschen wollte, wie die menschliche Sinnesempfindung auf der einen und das dem Empfinden vorausgehende Objekt auf der anderen Seite miteinander zusammenhängen. Fechner forschte aber auch in der Naturphilosophie und in abgefahreneren Sphären. Er erwog die Allbeseelung des Kosmos, die Anatomie von Engeln und so manches andere. In *Der Raum hat vier Dimensionen* führt er den Gedanken aus, dass die vierte Dimension die Zeit sein könnte.

Zusammen mit dem Physikerkollegen Zöllner, der ebenfalls an der vierten Dimension dran war, nahm er an Séancen teil. Er blieb allerdings skeptisch, als das Medium Henry Slade vorführte, wie es gerade die vierte Dimension durchschritt.

Dass Fechner schwer erkrankte – mit diffuser Symptomatik von Lichtempfindlichkeit bis Übelkeit – sahen einige als Zeichen von Überarbeitung eines Workaholics mit immensem Schaffens-Output. Der Psychoanalytiker Imre Hermann deutete dies als einen Ödipuskomplex, in dessen Folge Fechner eine Pseudo-Schwangerschaft durchlebte. Hier sieht man, dass man mit den von Fechner vorgeschlagenen physikalischen Methoden psychologischen Phänomenen vielleicht eher auf die Spur kommt als mit fantasiereichen Spekulationen, ganz im Sinne von Wilhelm Wundts Leitsatz: »Sobald man einmal die Seele als ein Naturphänomen und die Seelenlehre als eine Naturwissenschaft auffasst, muß auch die experimentelle Methode auf diese Wissenschaft ihre volle Anwendung finden können.« Wundt jedenfalls entwickelte Fechners Gedanken zur Psychophysik weiter und gründete 1879 in Leipzig das weltweit erste Institut für experimentelle Psychologie, das bald ein Institut der Universität wurde. Im Institut wurden Reizreaktionen und Reaktionszeit gemessen, und so mancher der Gründergeneration von Psychologie und Psychiatrie ging ein und aus. Das Max-Planck-Institut für Kognitions- und Neurowissenschaften tritt gewissermaßen in diese Fußstapfen, freilich mit viel moderneren technischen Verfahren, die Funktionen und Prozesse im menschlichen Gehirn und die neuronalen Grundlagen von Sprache, Musik oder Gefühlen erforschen.

✳

Fahr Rad:

Wohin die Wege an Pleiße, Elster und Parthe führen

Beim tristen Anblick der Parthe gleich am Zoo – einem trauri-
gen Rinnsal im Betonbett – erscheint es weder vorstellbar, dass
dies ein Fluss sein soll, noch, dass man an seinem Ufer Rad fahren kann. Man kann aber. Die Parthe führt mit Mariannenpark,
Schlosspark Schönefeld und dem Abtnaundorfer Park weitgehend außerhalb der urbanen Bebauung entlang, am Bagger in
Thekla befindet sich eine paradoxe Mischung aus Plattenbauten
und Sommerfrische am Wasser. Alsdann schlängelt sich der Fluss
Richtung Taucha, die Endmoräne aus der Saalekaltzeit gestattet
den Blick auf Hügel. Die verschiedenen Gebäude des Taucher
Rittergutsschlosses werden seit einiger Zeit saniert, vor fünf Jahren eröffnete man das Museum und an einer Hangseite wächst
Wein. Durch schmucke und aufgeräumte Dörfer geht es nach
Beucha und Kloster Eicha, Naunhof und Schloss Pomßen bis
nach Grimma und an die Mulde.

Die Weiße Elster und die Pleiße kommen beide von Süden. Das heißt, sie sind nie weit vom Auwald entfernt oder fließen sogar durch ihn hindurch. Flussaufwärts geht es die Elster
entlang bis nach Tschechien zur Quelle, flussabwärts nach Halle.

Wer Tschechien zu weit findet, kann auch erst mal Gera, Zeitz oder Pegau anpeilen. In beide Richtungen – nach Gera wie nach Halle – sind keine nennenswerten Steigungen zu erwarten, dafür viel abwechslungsreiche Landschaft. Hinter Gera machen das Thüringer Schiefergebirge und das Vogtland die Strecke für Kinder wie für Ungeübte eher weniger geeignet. Die Pleiße entspringt südwestlich von Zwickau. Dorthin führt auch der Radweg. Näher liegt Altenburg, noch näher sind Regis-Breitingen, Rötha oder Großdeuben. Oder der Ausflug geht einfach nur nach Markkleeberg direkt vor die Stadttore.

27

Figurentheater:

Ost- und west- europäische Traditionen am Lindenfels Westflügel

Im Figurentheater gehen Spieler und Puppen eine Verbindung ein und ermöglichen so Darstellungsweisen, die sich aus der Beziehung von beiden ergeben. Die Spieler führen nicht nur die Puppen, sie sind auch Schauspieler, die Puppen agieren mit den Spielern auf Augenhöhe oder eben mit anderen geführten Figuren. Dass dabei der Mensch dominiert, ist nicht unbedingt gegeben. Vorbild und Abbild sind nicht eindeutig, wenn auch nicht beliebig austauschbar – schließlich hat der Puppenkörper keine Kraft, muss jede selbstverständliche Bewegung veranlasst werden. Aber die Puppe kann auch Sachen machen, die der Mensch nicht kann, fliegen zum Beispiel.

Sergej Obraszow hatte in der ersten Hälfte des 20. Jahrhunderts in Moskau das größte Puppentheater der Welt. Dazu gehörten über 200 Mitarbeiter, man reiste mit mehreren Waggons voller Ausstattung an. Dieses Ensemblepuppentheater wurde zum Vorbild und hat den ganzen Ostblock geprägt. In der DDR waren in den Fünfzigern alle Bezirksämter angewiesen, Puppentheater zu gründen, und Reste dieser Strukturen findet man auch heute bisweilen noch da, wo es ein staatlich finanziertes städtisches Puppentheater gab – dessen Ensemble an der Ernst-Busch-Hochschule in Berlin studiert hatte.

Nicht minder erstaunlich ist das eher westeuropäisch geprägte Objekt- und Figurentheater. Was lässt sich mit einigen Quadratmetern Papier anstellen, ab wann erscheint es dreidimensional? Was lässt sich mit Wasser und Wischmopp auf den Bühnenboden zeichnen und verschwindet die Zeichnung, während das Wasser trocknet? Hier sind nicht selten nur ein bis zwei Leute auf der Bühne, verschwimmen die Grenzen zur Performance. Und auch zeigt sich, dass die Beziehung zwischen Mensch und Ding nie auserzählt ist, dass immer wieder die Frage im Raum steht, wer eigentlich wen animiert.

Was Puppen und Objekte auf der Bühne anstellen, lässt sich im Lindenfels Westflügel bewundern. Hinter der Schaubühne Lindenfels schließt sich seit 1900 ein Erweiterungsbau an. Nach nur wenigen Jahren rauschender Feste diente der Komplex als Ofenrohrfabrik und Lager. Nach etwa hundert Jahren der Zweckentfremdung geriet das Gebäude in Vergessenheit, bis es 2005 zum Lindenfels Westflügel wurde, der sich als Spiel- und Produktionsstätte für Figurentheater fest etabliert hat. Theater aus aller Herren Länder werden hierher eingeladen und beweisen, dass diese Form der darstellenden Kunst alle Altersgruppen begeistern kann.

Filmfestivals:

Wenn die Welt auf den Leinwänden zu Gast ist

Das Dok ist sicher das bekannteste Leipziger Filmfestival. Das internationale Festival für Dokumentar- und Animationsfilm ist das älteste Dokumentarfilmfestival der Welt. Schon 1955, bei der ersten Ausgabe, waren auch Animationsfilme mit im Programm. Heute reicht das Spektrum bis zu crossmedialen Arbeiten, und immer steht auch der künstlerische Aspekt im Vordergrund. Das alljährliche Programm ist dicht: Neben dem deutschen laufen internationale Wettbewerbe für lange und kurze Filme, es gibt Retrospektiven, einen wechselnden regionalen Fokus und Hommagen an jeweils einen Meister des Films. Dieses »Fenster zur Welt« versammelt Filmemacher und Kritiker aus aller Welt unter dem Taube-Logo.

Der Jahreskalender der Filmfestivals und -tage in Leipzig ist ebenfalls dicht gepackt. Die Streifen kommen aus Lateinamerika und Argentinien, aus Skandinavien, Frankreich, China, Italien und der arabischen Welt. »Avantgarde ist keine Strömung« hieß es beim Minifestival zum Experimentalfilm. Die zwei Kurzfilmfestivals Kurzsüchtig und U.F.O. verteilen sich ganz gut übers Jahr. Kürze weiß der Zuschauer vielleicht bei manchem Streifen im

Rahmen des Festivals des Gescheiterten Films zu schätzen. Zum Tummelplatz der Arthousebranche wird die Stadt alljährlich bei der Filmkunstmesse. Gegenkino will das Kino nicht abschaffen, sondern cineastische Gegenströmungen stärken. Die Globale ist politisch und globalisierungskritisch, der Gemeinschaftsgarten Querbeet befasste sich im Flimmergarten mit Nachhaltigkeit. Filmtage, die sich bestimmten Themen widmen, gibt es immer mal wieder, so die »Filme gegen das Vergessen« in der Kinobar Prager Frühling mit aktuellen Dokumentationen um den Holocaust oder die mehrtägige Reihe »Nordkorea im Fokus« am selben Ort. Die Reihe »Queerblick« in den Passagekinos bringt einmal im Monat Schwul-Lesbisches, der montägliche Klubkinoklub verbindet Film mit Gesprächen, und das Sächsische Schülerfilmfestival Film ab! sorgt dafür, dass es auch morgen noch Filme und Festivals geben wird.

Leipzig kann also seinen vielen Labels getrost das der Filmstadt hinzufügen. In den Dreißigern gab es hier noch etwa fünfzig Lichtspielhäuser, von denen ein gutes Dutzend im Krieg zerstört wurde. Nachdem sich die Fernsehgeräte in den Wohnzimmern etabliert hatten, waren es in den Achtzigern nur noch 13, darunter das größte Kino der DDR, das Capitol in der Petersstraße, das über eine Kinoorgel verfügte und dessen Räume inzwischen nach Umbauten meist leer stehen. Wiederbelebt wurde dagegen das UT Lichtspiele in Connewitz nach seiner Schließung 1992. Es existiert seit 1912 und gehört somit zu den ältesten noch erhaltenen Kinos in Deutschland. Neben Konzerten und anderen Veranstaltungen stehen hier natürlich auch Filme im Programm. Ebenfalls viele Jahre auf dem Buckel hat die 1928 eingeweihte Schauburg am Adler zwischen Plagwitz und Kleinzschocher. Den Regina-Palast mit seinen sieben Sälen in Reudnitz gibt es seit 1937. Die Schaubühne in Plagwitz war lange ein kultureller Solitär in einer dunklen Wüste, nicht weit davon gibt es seit einigen Jahren das Cineding und das Lurukino auf der Spinnerei. Die Cinémathèque sitzt noch in der Nato, Südvorstadt, strebt aber in bessere Räumlichkeiten. In der Innenstadt gibt es die Passagekinos in der Jägerhofpassage, die bereits 1915 als UT Hainstraße eröffneten.

Filmkulisse:

Von Ernst Thälmann bis zur Frau vom Checkpoint Charlie

Bildhauer Kemmel steht in einer Telefonzelle der Leipziger Innenstadt und ruft seine Frau an. Diese kurze Sequenz aus *Der nackte Mann auf dem Sportplatz* von Konrad Wolf (1974) klingt ebenso unspektakulär wie sie ist. Beim Leipziger Publikum in der Cinémathèque ist die Reaktion an diesem Abend im Jahr 2016 jedoch enorm – was da durch den Raum geht, ist mehr als nur ein Raunen. Die unverhoffte Stadtansicht bringt alle aus dem Häuschen.

Leipzig als Filmkulisse taucht natürlich in erster Linie in TV-Produktionen wie *Tierärztin Dr. Mertens*, *Soko Leipzig* oder *In aller Freundschaft* auf. Der Mitteldeutsche Rundfunk machte mit *Elefant, Tiger & Co.* Tierpfleger zu Fernsehstars, andere Sender zogen nach. Der sächsische *Tatort* kommt glücklicherweise nicht mehr aus der Messestadt, auch wenn es schön anzusehen war, wie Kommissar Keppler – die ernst zu nehmende Hälfte des Ermittlerduos – von seiner Pension ins Polizeipräsidium fuhr, das im Klinkerbau der Konsumzentrale eingerichtet wurde. Die

Pension befindet sich übrigens im richtigen Leben in der Georg-Schumann-Straße und heißt »Zur 102«.

Berühmt wurde die Könneritzbrücke zwischen Schleußig und Plagwitz 1992 im Video *Die da?!* von den Fantastischen Vier. *Rico, Oskar und die Tieferschatten* spielt in der Einert-, *Kalt ist der Abendhauch* in der Ritterstraße, *Die Gustloff* nutzt die maroden Gebäude der ehemaligen Sternburg-Brauerei in Lützschena. *Die Frau vom Checkpoint Charlie* sitzt sinnierend im Hof des inzwischen abgerissenen Robotron-Gebäudes in der Gerberstraße. Robotron wurde auch schon mal zum Domizil der OPEC. In *Das Monstrum* soll das Völkerschlachtdenkmal demontiert werden, *Die Blücher-bande* stürmt das Polizeipräsidium, das sich diesmal im Gebäude der »Leipziger Volkszeitung« befindet, und am Stadtrand wurde für *In Darkness* die Lwówer Kanalisation des Jahres 1943 nachgebaut. *Das Weiße Band* nutzte ein Studio in der sogenannten Media-City, dort hat sich auch *Irina Palm* die Hände eingecremt. Die Winteraufnahmen von *Fenster zum Sommer* wurden zum Teil in Leipzig gedreht, ebenso der Reichstagsbrand in *Nacht über Berlin*.

Der aus der Zeit gefallene Charme der Connewitzer Kneipe »Frau Krause« samt weißen Gardinen vor den Fenstern passte zu *Carlos – der Schakal*. In der »Frau Krause« und auf dem Gelände der Feinkost in der Südvorstadt spielten sich Szenen von *Schwerkraft* ab. Zwischen Grünewald-, Windmühlenstraße und Roßplatz ließen sich Berliner Straßenzüge imitieren. Für *Ernst Thälmann – Sohn und Führer seiner Klasse*, der 1954/55 in die Kinos kam, wurde der Eingang der Beethovenstraße 8 neben der Hochschule für Musik und Theater zur Pforte des »Hotel Eden«, in dem Karl Liebknecht und Rosa Luxemburg vor ihrer Ermordung verhört und misshandelt wurden. Zwanzig Jahre später fanden die *Abenteuer mit Blasius* auf dem Hauptbahnhof, der Alten Messe und am Neuen Rathaus statt, und kurz vor dem Fall der Mauer erheiterte die Satire um einen Leipziger Informatikstudenten und sein Superprogramm, *Zwei schräge Vögel*, das Publikum – in einer Nebenrolle der damalige Campus.

Der Flughafen Halle/Leipzig schließlich ist seit 2005 regelmäßig in Hollywood zu sehen – zum Beispiel in *Flight Plan* oder in *Captain America 3*. Seit 2001 wurden dort mehr als zwanzig Kinofilme, außerdem Fernsehserien gedreht. Dies ist wohl der Architektur des Flughafens zu verdanken und außerdem der Tatsache, dass er frei steht, ergo gut von außen zu filmen ist und vor der Tür die S-Bahn nach Leipzig und Halle hält. Die Leute vom Film kommen also auch schnell wieder weg.

Flötenspieler:
Wie in der Innenstadt ein Straßen- musikant die Konkurrenz aussticht

Seit Jahren steht er in der Grimmaischen Straße oder am Markt, nicht selten zwitschert seine Piccolo-Flöte auch über den Augustusplatz vor dem Gewandhaus. Daniel AvTutick trägt einen weißen Bart, eine Schirmmütze und viele Lachfältchen um die verschmitzten Augen. Der kleine schmale Mann machte, wie man so sagt, seine Berufung zum Beruf. Er studierte Musik und praktiziert Musik täglich vor dem Publikum auf den Straßen Leipzigs.

Die Fußgängerzone ist sein Revier, die Piccolo-Flöte nur ein Arbeitsmittel. Ein Karren mit Taschen ist sein Werkzeugkoffer. Glocken, Jonglierbälle, Ringe oder Gummihühner gehören zu seiner Ausrüstung, und Spielzeug hat er immer dabei, um Kinder zu bespaßen. Zu seinem Instrument ist der 1951 in Washington Geborene in einer Militärkapelle gekommen, die Freiheit des Lebens als Straßenkünstler lernte er Ende der Sechziger in San Francisco kennen. Von dort verschlug es ihn nach Kanada, Ecuador, Brasilien, Chile und Argentinien. Zwischendurch beendete er sein Studium an der Universität Maryland, sah in Marokko Schlangenbeschwörer, war Au-pair in Paris, lernte Jonglieren und verdiente sich mit Musik etwas dazu. Seit 1998 lebt er in Leipzig.

In diesen Jahrzehnten haben sich die Rahmenbedingungen für Straßenkünstler gewandelt, Straßenmusik lässt sich heute mit dem MP3-Player im Ohr leicht überhören. Eine kleine Flöte hat es zudem schwer, sich in einem Meer aus mehr schlecht als recht beherrschten Akkordeons oder Gruppen von Blechbläsern zu behaupten oder gegen diesen stimmgewaltigen Chor anzusingen, der nur ein Lied zu kennen scheint. Nicht verändert hat sich, dass die Leute vorübergehen und dabei entweder Anerkennung und Geld geben oder eben die Performance ignorieren. AvRutick hat die Rolle des »glücklichen Landstreichers« gewählt, um sein Publikum zu unterhalten und zu überraschen. Die Straße verliert für ihn ihre Anziehung auch im Winter nicht, obwohl es dann schon mal kalt an den Fingerspitzen werden kann. Seine Kunst scheint ein einsames Geschäft zu sein. Zwar hat AvRutick in früheren Zeiten Kammermusik oder Trio-Sonaten zur Aufführung gebracht, mittlerweile agiert er aber vorwiegend allein und lediglich im Rhythmus mit den Elementen der Umgebung. Dennoch entsteht automatisch eine Beziehung zu anderen Straßenkünstlern. Sie sind Konkurrenz und Unterstützung in einem, und mit ihnen teilt er sich die Straße. AvRutick ist es sogar gelungen, mit den Akkordeonspielern musikalische Kooperationen einzugehen.

Frauenbewegung:
Ihre Wiege steht in Leipzig

Der Startschuss für die Institutionen der vorletzten Frauenbewegung auf deutschem Boden fiel in Leipzig und damit auch der Startschuss für die Verfolgung von Zielen im Sinne der Geschlechtergleichstellung. Bildung war in der zweiten Hälfte des 19. Jahrhunderts nur den Frauen des gehobenen Bürgertums zugänglich, und sie hatte keineswegs den Zweck, den Damen eine Grundlage für ihren Lebensunterhalt mitzugeben. Frauen anderer Schichten konnten in der Fabrik schuften – zu niedrigeren Löhnen als die Männer –, und in der Politik kam das weibliche Geschlecht nicht vor. Politische Betätigung wurde Frauen 1849 sogar ausdrücklich verboten.

Drei Leipzigerinnen waren damals dennoch politisch aktiv. Bis das Blatt verboten wurde, gab die Autorin Louise Otto-Peters in Leipzig die »Frauenzeitung« heraus. Auguste Schmidt, Lehrerin und ebenfalls Publizistin, machte sich dafür stark, dass die Lehrerinnenausbildung auf professionelle Füße gestellt wird, und wollte die Universitäten für Frauen öffnen. Pädagogin war auch Henriette Goldschmidt, die ebenfalls an Frauenbildung interessiert war: Neben der Hochschule für Frauen Leipzig, der ersten deutschen Akademie für Frauen überhaupt, gründete sie einige weitere Bildungs- und Fortbildungseinrichtungen. Im Umfeld dieser drei Frauen fand 1865 in Leipzig die erste deutsche Frauenversammlung statt, aus der der Allgemeine Deutsche Frauenverein (ADF) hervorging. Der ADF verbreitete sich danach auch in anderen Städten, die Frauenbildungsvereine waren deutschlandweit im Aufwind und mehr als nur eine Anlaufstelle. Da es Frauenrechte damals kaum gab, war es für Frauen schwer, wirtschaftliche Autonomie zu erlangen, was zu Abhängigkeiten oder gar Verarmung führte. Die Mittellosigkeit gerade unter Frauen war zu dieser Zeit ein besonderes Problem, das mit Bildung gelöst werden sollte.

Nachdem das Thema Frauenbildung in Leipzig angestoßen worden war, ließen die ersten deutschen Universitäten um die Jahrhundertwende Frauen zum Studium zu. Auch die Schulen wurden zu der Zeit reformiert, Mädchen besser auf ihr Berufsleben vorbereitet und mithin auf Unabhängigkeit durch selbst verdientes Geld. In Leipzig erlaubte sich die Uni Widerstand gegenüber studierenden Frauen, denen Sachsen das Studium ab 1906 gestattete. Damit lagen wichtige Schritte Richtung Gleichstellung noch in der Zukunft. Aber der Anfang war gemacht.

Freie Schule:

Wo Schüler selbst bestimmen

Nicht erst seit PISA-Tests oder dem anhaltenden Klagen über das sogenannte G8 fragen sich Eltern wie Lehrer, was eine gute Schule eigentlich ist. Ähnliche Fragen stellten sich 1990 einige mit der

DDR-Schule unzufriedene Lehrer, die sich an Foren zum Thema »Freie Pädagogik« an der Universität Leipzig beteiligt hatten. Sie taten sich zusammen und gründeten eine Schule.

Mit 24 Kindern und drei Erwachsenen sind sie damals als einzige freie Alternativschule der DDR gestartet. Heute sind es ungefähr 180 Schüler, die die Klassen eins bis zehn besuchen. Auch das Konzept der Schule ist mitgewachsen und hat sich immer wieder verändert. Anfangs waren die Strukturen noch sehr offen, sodass sich mancher mehr Verbindlichkeit gewünscht hat. Inzwischen ist die Schule demokratisch, was bedeutet, dass sämtliche Belange basisorientiert geregelt werden. An den Schulversammlungen, in denen das Zusammenleben besprochen wird, können alle Schüler und Mitarbeiter teilnehmen, und jeder hat eine Stimme. Die wichtigsten Maximen sind daher neben der Nachhaltigkeit auch Respekt und Freiheit. So können die Schüler lernen, eigenverantwortliche Entscheidungen zu treffen, während sie gleichzeitig ernst genommen und respektiert werden. Apropos Lernen: Der Alltag unterscheidet sich erheblich von dem einer »normalen« Schule: Einen vorgegebenen Lehrplan gibt es nicht, vielmehr kann alles zum Thema werden, was Interesse weckt – sei es Englisch, Bio, Musik, Basteln in der Werkstatt oder auch die Prüfungsvorbereitung. Die Schüler werden angeregt und gefördert, lernen Selbstverantwortung, Selbstmotivation und die Lust am selbst gesteuerten Lernen. Dies entspricht dem übergeordneten Prinzip, dass die Kinder befähigt werden sollen, ihre Potenziale zu entfalten; und zwar in ihrem eigenen Tempo und gemäß ihren Interessenlagen. So kommt es, dass sich die Schüler automatisch in Gruppen gemischten Alters zusammenfinden.

Das Modell trägt nun schon länger als ein Vierteljahrhundert. Die Freie Schule ist eine von zwei Dutzend demokratischen Schulen im deutschen Raum. Sie gewinnt Preise und – tatsächlich – die Schüler bestehen ihre Abschlussprüfungen.

✳

33

Fußball:
Wie die heikelste Nebensache der Welt die Gemüter erregt

Der Alfred-Kunze-Sportpark, Heimsportstätte der BSG Chemie, liegt am Leutzscher Holz, was den so uralten wie zweifelhaften Fanspruch »Nur ein Leutzscher ist ein Deutscher« hervorgebracht hat, dessen Gebrauch die Mitgliederversammlung von Chemie inzwischen untersagt hat. Die BSG Chemie ist einer von Leipzigs Fußballvereinen, von denen außerhalb Leipzigs in den letzten Jahren nicht so viel zu hören war. Ein anderer ist Lok, der Probstheidaer 1. FC Lokomotive. Die überregionalen Erfolge beider Mannschaften liegen weit zurück im letzten Jahrtausend, und die Fans juckt es nicht, wenn sie nicht in der Bundesligatabelle vorkommen. Das hat nämlich was mit echter Liebe zum Fußball und mit Tradition zu tun. Eher weniger um Liebe geht es bei dem Kleinkrieg, den sich manche Anhänger von Lok und Chemie liefern, manchmal kommen auch extra Fans aus Halle vorbei. Ebenfalls uneinig sind sich die Fußballfans in der Frage, was Politik im Stadion zu suchen hat bzw. ob sie da überhaupt was zu suchen hat. Mit »unpolitisch« ist im Allgemeinen gemeint, dass man nicht gleich alles »rechts« nennen soll, was so daherkommt. Ein entsprechendes Image kann Lok, allen ernst gemeinten Bemühungen zum Trotz, nur sehr langsam abschütteln. Und nach dem »Leutzscher-Deutscher«-Verbot regten sich einzelne Stimmen auf, dass erst wieder mehr Leute zu Chemie-Spielen kämen, wenn endlich mal die Politik rausgehalten würde.

Eine dezidiert politische Ansage verbindet sich mit dem Roten Stern Leipzig. Der Connewitzer Verein wurde 1999 gegründet und schreibt sich deutlich auf die Fahne, dass Rassismus, Sexismus und Homophobie doof sind. Entsprechend kommt es gerade beim Auswärtsspiel in der sächsischen Provinz schon mal vor, dass Zaungäste erscheinen, die ganz wild darauf sind, Connewitzer »Zecken« zu verhauen. Wenn der Stern einen Aufstieg feiert, ist Connewitz fröhlich und entsprechend alles ganz friedlich.

Obgleich der unüberwindbare Gegensatz von Lok und Chemie jahrzehntelang verwurzelt ist, sind sich beider Vereine Fans in einem ungewohnt ähnlich: »RB macht den Fußball kaputt.« Selbst wenn RB irgendwas richtig macht, kann RB nur verlieren. Das geht schon bei der Vereinsgründung los und ist beim Namen RB noch lange nicht zu Ende: »Retortenverein« hieß es da und dass ja wohl jeder wisse, dass RB die Abkürzung von Geldgeber Redbull ist und eben nicht »Rasenball« bedeutet. Ein Trainingszentrum in der Elsteraue später macht sich Häme breit, wenn Geschichten rumgehen wie die, dass die Fans nicht wüssten, wie man sich im Stadion verhält. Als Anhänger eines Vereins mit Geschichte weiß man, dass Geld nicht alles ist und man Tradition ebenso wenig kaufen kann wie eine vitale Fanszene, die schöne und laute Choreos auf die Beine stellt. Richtig emotional wird es, wenn jemand freimütig bekennt, gern zu RB-Spielen zu gehen, weil er da in Ruhe und vielleicht sogar in Familie Fußball schauen kann. Insofern waren die Reaktionen verhalten bis gespalten, als RB es in die Bundesliga schaffte. Lieber fragte man, wie das dann werden soll, wenn die ganzen Bundesliga erprobten Auswärtsfans vom Bahnhof ins Stadion und zurück wollen, und ob denn überhaupt genügend Parkplätze vorhanden sind. Stadion in der Tat länger nicht gesehen. Das Zentralstadion, diese zurückhaltend dominante Schüssel zwischen Waldstraße, Elsterflutbett und Sportforum, heißt offiziell nicht mehr so und sieht auch nicht mehr so aus wie das einstige »Stadion der Hunderttausend«, das bei seiner Eröffnung 1956 das größte Europas war. Der Grundstein für die heutige Red-Bull-Arena wurde 2000 gelegt, eingeweiht wurde sie 2004 und vollbesetzt war sie 2006 während des WM-Achtelfinales Argentinien gegen Mexiko. Der Glanz alter Zeiten meint beim Leipziger Fußball im Allgemeinen und beim Zentralstadion im Besonderen Unwiderrufliches, etwa die 120 000 Zuschauer bei der WM-Qualifikation DDR gegen Tschechoslowakei 1957, die Letztere 4:1 gewann. Wer also beim Thema Fußball in Leipzig nicht anecken möchte, sollte besser auch das Stadion nicht ansprechen.

Gärten:

Refugien ohne Pachtvertrag

Weil es so viel Spaß macht, landwirtschaftliche Flächen in der Stadt aber logischerweise rar sind und nicht jeder zum Kleingärtner taugt, finden sich die Leute in Gemeinschaftsgärten zusammen, um anzubauen, was sie später ernten. Die Annalinde in Lindenau hat eine Gärtnerei wiederbelebt und ökologisch bepflanzt. Da sich die Betreiber nicht nur Landschaftspflege und Umweltschutz, sondern ebenso Bildung und Kultur verpflichtet fühlen, finden neben Gartenarbeitstagen auch Workshops, Konzerte und Kooperationen mit Schulen und Kindergärten statt. Ab und an werden Gartendinner und regelmäßig Märkte abgehalten.

Der Gemeinschaftsgarten Queerbeet in Neustadt-Neuschönefeld gärtnert ebenfalls zusammen mit Kindergartenkindern und lädt die Nachbarschaft zum gemeinsamen Start in die Gartensaison mit Pflanzen und Musik ein. So entstand eine Grünfläche fürs Naturerleben im dicht besiedelten Quartier, auf der samenfeste, historische Nutzpflanzen kultiviert werden.

Offen für alle ist auch der Stadtgarten Connewitz, den der Verein Ökolöwe auf einem ehemaligen Schulgartengelände seit 1993 betreibt. Hier gehen Bildung für jedes Alter, Naturerleben und Erholung eine Allianz ein, die in Gartenfesten, Workshops oder Saatguttauschbörsen ihr soziales Element findet.

Generationentheater:

Was das Theater der Jungen Welt so erfolgreich macht

Das Theater der Jungen Welt (TdJW) ist so was wie der Klassenbeste unter den städtischen Eigenbetrieben im Bereich Kultur. Jede Spielzeit schließt erfolgreich und scheint die vorige noch zu toppen, und das betrifft nicht nur die hohen Auslastungszahlen. Der meist bespielte Kulturbetrieb der Stadt wird mit Auszeichnungen und Preisen geradezu überhäuft, und Gastspiele führen das Ensemble regelmäßig ins Ausland. 2016 feierte das Mehrgenerationentheater siebzigsten Geburtstag. Das Haus ist das zuerst gegründete und außerdem eines der letzten überlebenden Kinder- und Jugendtheater in Deutschland. Kinder- und Jugendtheater heißt nicht, dass Kasperle und Krokodil sich in infantiler Manier die Hand schütteln, schon gar nicht verdient es, zum Beiwerk des »richtigen« Theaters degradiert zu werden. Vielmehr schafft es das TdJW, Theater zu machen, das alle betrifft. Dabei geht es immer wieder Experimente ein – nicht immer sitzt das Publikum in den üblichen Reihen und schaut nach vorn auf die Bühne, wo sich der Vorhang erst öffnet und dann fällt. Das Sommertheater lädt mal in den Botanischen Garten, mal auf den Karl-Heine-Kanal ein. Die Themen reichen von *Hans im Glück* über *Parzival* bis zum Drogenrausch. Das erste Stück im November 1946 war *Emil und die Detektive*. Schon dieser Stoff taugt nicht nur für Schulkinder. Ganz in diesem Sinne ist der sparten- und altersübergreifende Ansatz von Intendant Jürgen Zielinski, dessen Stückauswahl sich an die ganz Kleinen und auch an die Großen richtet.

Ganz so integrativ ist das Stadttheater nicht. Das Schauspielhaus hieß zwischendurch mal Centraltheater. Was erst nur ein Name ist, wurde schnell zum Credo. Wer nämlich Centraltheater sagte, bekannte sich in den Ohren derer, die mit der Intendanz von Sebastian Hartmann nicht einverstanden waren, zu ihm und seinem Programm. Hartmann hatte die Umbenennung vollzogen, und somit sagte weiterhin Schauspielhaus, wer der Welt seine Hartmann-Ablehnung mitteilen wollte. Einen Intendantenwechsel später – auf Hartmann folgte Enrico Lübbe und mit ihm wieder die Einsetzung des Namens Schauspielhaus – passiert es immer noch dann und wann, dass Leute mit Verschwörermiene vom Centraltheater sprechen und damit bekunden, wie doof sie Lübbe finden und wie sehr sie Hartmann nachtrauern.

Die Ära Hartmann und kulturpolitische Fehltritte – Lübbe war offensichtlich vom Oberbürgermeister favorisiert und die beauftragte Intendanten-Findungskommission wurde einfach übergangen – brachten aber nur ans Licht, was wohl in der Stadt schon immer galt: Am Stadttheater gibt es viel zu meckern. Auch über Wolfgang Engel – Intendant zwischen 1995 und 2008 – rümpften einige die Nase. Von Sebastian Hartmann hieß es vor allem von denen, die selten im Theater waren, dass auf seinen Bühnen nur gevögelt, gekotzt und geschrien werde, und Enrico Lübbe gilt als langweiliger Angsthase, wird gar als »Dorfintendant« geschmäht. Sein Vertrag läuft noch bis 2023. Man wird sehen, wer danach das Kulturbürgertum spaltet. Bis dahin ist gutes Theater im TdJW sicher. Immer lohnend ist auch ein Besuch im Lofft, das freie Theater, das (noch) im selben Haus zeitgenössischen Tanz, post-dramatisches Theater und Performances zeigt.

36

Grassimuseum:

Was Sammler und Stifter horteten

Vom Augustusplatz Richtung Osten bildet das Grassimuseum das Ende der Sichtachse über den Johannisplatz. Jeden Frühling sind alle Passanten ganz begeistert von der Kirschblüte auf der Wiese vor dem Gebäudekomplex, der in den Zwanzigern im Art-déco-Stil auf dem Gelände des mittelalterlichen Johannishospitals und auf einem Stück des alten Johannisfriedhofs entstand. Ein Sitznischenportal aus Rochlitzer Porphyr neben dem Haupteingang erinnert an das Hospital. Das Gebäude beherbergt gleich drei Häuser, nämlich das Musikinstrumentenmuseum der Uni Leipzig, das Museum für angewandte Kunst und das Völkerkundemuseum. Das Gebäude des alten Grassimuseums steht am Leuschnerplatz, dort ist heute die Stadtbibliothek untergebracht. Es war eines von vielen Bauvorhaben, die die Stadt Leipzig dank eines großzügigen Erbes von über zwei Millionen Mark realisieren konnte. Gönner war der Kaufmann Franz Dominic Grassi.

Das Musikinstrumentenmuseum ist dem sammlerischen Interesse eines Bürgers zu verdanken. Verleger Paul de Wit hat das Musikhistorische Museum Ende des 19. Jahrhunderts zunächst privat geführt, dann veräußert, dank Spenden und staatlicher Zuschüsse konnte es für die Universität Leipzig gekauft werden. Inzwischen ist es um einige Sammlungen reicher, auch wenn die Bestände im Zweiten Weltkrieg dezimiert wurden. Das Museum besitzt fast 3000 Instrumente aus fünf Jahrhunderten und ist eines der größten weltweit. Somit lässt sich die instrumentale Entwicklung Europas der letzten 500 Jahre am Objekt nachvollziehen: Von der Renaissance bis zur Gegenwart führt der Rundgang durch die Musikgeschichte und auch die der Musikstadt Leipzig. Die Exponate sind erwartungsgemäß zum Schauen und Zuhören da, im Klanglabor kann der Besucher selbst aktiv werden.

Das Museum für Angewandte Kunst hat in seinen Sammlungen Bestände zum europäischen und außereuropäischen Kunsthandwerk, und zwar bis in die Zeit der Antike zurückreichend. Mit Blick auf die Materialien bedeutet das unter anderem Glas, Porzellan, Gold, Silber, Textil, Holz und Stein. Bei den Objekten handelt es sich um Skulpturen und Schnitzereien, Schmuck, Möbel und Münzen. Der Fokus liegt auf Jugendstil, Art déco und Funktionalismus, zentral sind außerdem Kunsthandwerk und Design des 20. Jahrhunderts. Die Sammlung Fotografie hat Schwerpunkte in den Anfängen dieser Kunst und in der Bauhausfotografie. Sie rekrutiert sich größtenteils aus Schenkungen und Stiftungen von öffentlichen Institutionen und Privatleuten. Und dies ist bis heute der Fall, was wiederum ein Glück ist, weil das Museum seit 1999 keinen Etat mehr hat, um aus eigenen Mitteln Dinge anzukaufen.

Im Grassimuseum für Völkerkunde führen Rundgänge auf zwei Etagen durch die Kontinente. Auch diese Sammlung basiert auf interessierten Bürgern, in diesem Fall Händlern, die sich in ihrer Freizeit als Ethnologen betätigten. Von Ostasien geht es über die Mongolei und den Orient nach Afrika und zu den Anfängen der Menschheit, von dort führt eine Überfahrt in die Amerikas von Feuerland nach Alaska und schließlich auf die pazifischen Inseln und Ozeanien. Die Ausstellung erzählt vom Alltag in den vielen Kulturen, von Festen, Religiösem und Profanem und ist so reichhaltig, dass der Titel »Rundgänge« gut gewählt ist: Mit einem einzigen Rundgang kann man kaum alles schaffen.

37

Grünes Band:
Wie Leipzig dank Auwald entstehen konnte

Auch wenn es auf den ersten Blick nicht so auffallen mag, liegt Leipzig doch am Wasser. Die Flüsse Elster, Pleiße und Parthe bilden hier ein Binnendelta und besaßen einst ausgedehnte Auen inklusive Wäldern. Zusammen mit kleineren Läufen wie Roter Luppe, Rietzschke, Hewegluppe, Paußnitz oder dem Zschampert kommt die Stadt auf knapp 180 Kilometer Fließgewässer. Schon in der Jungsteinzeit hat der Mensch die Kombination aus Wasser und Wald zu schätzen gewusst und sich hier angesiedelt, zum Beispiel dort, wo jetzt die Thomaskirche steht, oder im heutigen Connewitz. Der Wald liefert Nahrung und Holz, in den verschiedenen Gewässern leben Fische, das Wasser treibt Mühlen an, transportiert Güter und spült Gerbereien, aus dem Aulehm entstehen Ziegel. Da die Gewässer reichlich Sedimente aus den Gebirgen ins Flachland tragen, stehen die Auen auf fruchtbarem Boden und eignen sich hervorragend für den Ackerbau.

Mit der Besiedlung änderten die Gewässer und Auengebiete ihre Gestalt. Wiesen und Flächen für die Landwirtschaft entstanden, Deiche wurden gebaut, die Flüsse reguliert, begradigt und durchschnitten. Man legte Kanäle, Floßgräben und Mühlengräben an. Während der Industrialisierung im 19. Jahrhundert war der Wandel der Auenlandschaft besonders groß – sie fand auch am und mit dem Wasser statt. Wegen der Braunkohleförderung im 20. Jahrhundert nahmen Wasserqualität und Waldgebiet ab, in der Folge sinkt der Grundwasserspiegel, das Wasser verschwindet aus der Aue, Nebenarme liegen trocken. Seit den 1930ern kann man nicht mehr von »Auendynamik« sprechen. Auendynamik meint einen zeitweise hohen Grundwasserspiegel und regelmäßige Überflutungen. Die Trockenheit wiederum verändert die Zusammensetzung der Pflanzen. Das Windröschen, dessen weiße und gelbe Blüten im Frühjahr den Waldboden zieren, weist ebenso auf trockenen Boden hin wie der so beliebte Bärlauch. Und auch nach der Deindustrialisierung in den frühen 1990ern kam der Auwald nicht in seinen einstigen Zustand zurück. Die typischerweise vorzufindende Hartholzaue gilt als eine der artenreichsten Waldgesellschaften Mitteleuropas und steht auf der Roten Liste der bedrohten Biotoptypen Sachsens. Diese Hartholzaue, von der in Leipzig noch die größte in ganz Sachsen existiert, verändert sich, auch weil die Hochwasser seit Jahrzehnten ausbleiben. Das bedeutet, dass weniger überflutungstolerante Arten an Raum gewinnen. Auch die Stieleiche, »Charakterbaum des Auenwalds« genannt, wird seltener. Sie ist ökologisch sehr wichtig, weil von ihr 3000 Arten abhängen. Am häufigsten ist inzwischen die Esche, in der Strauchschicht dominiert der Spitzahorn. Die Stieleiche kann hundert Tage im Wasser stehen, ohne Schaden zu nehmen, der Ahorn nur wenige Tage. Ohne Überschwemmungen gibt es für den Ahorn allerdings kein Problem, und so kann er weiter in die Hartholzaue mit Stieleiche, Esche und Feldulme vordringen.

Eine veränderte Zusammensetzung der Arten bedeutet nicht nur, dass die Auenlandschaft nicht mehr auentypisch ist

– also den Namen »Aue« nicht verdient – und somit der Stadt Leipzig etwas fehlt, womit ihre Bewohner seit Jahrhunderten gelebt haben. In den betroffenen Bereichen geht vielmehr der Artenreichtum zurück. Das betrifft nicht nur Pflanzen. Froschpopulationen wie die von Rotbauchunke oder Laubfrosch sind ebenfalls eingebrochen, weil die Senken ausgetrocknet sind. Außerdem kann die Aue ihren zahlreichen Funktionen nicht mehr nachkommen. Sie bindet viel Kohlenstoff, liefert im Gegenzug Sauerstoff, verhindert Bodenerosion, besorgt neues Grundwasser und trägt so zur Biodiversität bei.

Die Aue ist also nicht nur für Pflanzen und Tiere wertvoll, sondern auch für den Menschen, der von der verbesserten Luft, den Rohstoffen und dem Erholungswert profitiert. Eigentlich hat der Auwald auch die Funktion, bei Überschwemmungen das Wasser aufzufangen. Da sich Stadt und Wald aber ihre Fläche teilen, braucht es zusätzlichen Hochwasserschutz. Beim letzten schweren Hochwasser 1954 war zum Beispiel die Friedrich-Ebert-Straße überflutet. Zahlreiche Gewässer im Bereich der Innenstadt und der südlichen wie westlichen Vorstädte wurden im 20. Jahrhundert kanalisiert und unter der Straße versteckt. Das lag auch daran, dass sie im Laufe der Zeit nicht unbedingt charmanter wurden – das Praktische an fließendem Wasser ist ja, dass es Abfälle wegtransportiert, was sich an seinem Geruch kundtat. Eine Bürgerinitiative sorgt dafür, dass Teile der Gewässer nach 1990 schrittweise wieder ans Licht geholt wurden – zu besichtigen zum Beispiel am Bundesverwaltungsgericht (Pleißemühlgraben) oder zwischen Elster- und Friedrich-Ebert-Straße (Elstermühlgraben).

❋

38

Gohlis:

Was der Norden neben beschaulichen Jugendstilvillen mit lauschigen Gärten noch zu bieten hat

Gohlis, eine »Siedlung auf waldlosem Land«, entstand als Dorf nördlich der Nördlichen Rietzschke, die seit 1900 überdeckt ist. Das heutige Schillerhaus ist das letzte erhaltene Bauerngut mit Garten. Schiller hat dort 1785 die *Ode an die Freude* gedichtet. Zu dieser Zeit war Gohlis schon ein beliebtes Ausflugsziel der Leipziger, deren Vermögendere sich Sommerhäuser bauten. Eines ist das Gohliser Schlösschen. Dank Gewässerregulierungen konnte zu Beginn des 20. Jahrhunderts in der Aue um den Poetenweg ein Villenviertel entstehen.

Die Georg-Schumann-Straße ist die Magistrale Richtung Halle, bis zum Arbeitsamt und Jobcenter in Möckern ist die Straßenbahn werktags immer gut gefüllt. In Möckern und den angrenzenden Gohliser Gebieten sind zwischen Ende des 19. Jahrhunderts und dem Ersten Weltkrieg auch Kasernen entstanden – Heeresbäckerei inklusive –, die zu Wohnraum umgebaut wurden oder noch werden. Die Militäranlagen zogen den Bau von Häusern mit sich, historistische und Jugendstilvillen stehen zwischen den Gohliser Kasernen, Viertelsweg, Coppiplatz und Landsberger Straße.

Die Bleichertwerke hatten seit Ende des 19. Jahrhunderts Seilbahnen hergestellt, zu DDR-Zeiten wurde daraus ein Betrieb für Transportanlagenbau. Das Betriebsgelände verfiel nach der Wende und soll nun ebenfalls mit Wohnungen bebaut werden. Die Villa von Familie von Bleichert in der Lützowstraße war ab den Fünfzigern ein Klubhaus und trägt noch den Namen »Heinrich Budde«. Man sagt nur heute nicht mehr Klubhaus, sondern Soziokultur. Im Garten der Villa liegt ein Biergarten mit Ginkgobaum, die Idylle wird lediglich unterbrochen, wenn auf der nahen Bahnstrecke eine S-Bahn vorbeifährt. Im Norden von Gohlis steht eine Wohnsiedlung im Stil der Moderne, die das Bankhaus Kroch mitfinanziert hat und die deshalb Krochsiedlung heißt. Im Südwesten wird die Beschaulichkeit des Stadtteils durch gelegentlichen Raubtiergeruch im Wohnzimmer gestört – der Zoo ist schließlich gleich in der Nähe.

39

Gose und Allasch:

Von Bier ohne Reinheits-gebot und baltischem Kümmellikör

Gose gilt als prima Durstlöscher. Das obergärige Bier stammt ursprünglich aus Goslar und wird mit Milchsäure versetzt, was ihm einen leicht säuerlichen Geschmack verleiht. Ebenfalls hinzukommen Koriander und Salz, die im deutschen Reinheitsgebot nicht vorgesehen sind. Die Gose ohne Reinheitsgebot wird unter anderem im Gasthof »Bayerischer Bahnhof« gebraut. Sie bildet den Kern des dortigen Braualltags, der weitgehend für den Eigenverbrauch im Haus stattfindet. Ein wachsender Anteil wird in die USA oder nach Italien exportiert. Angeblich war Gose um 1900 in Leipzig die meistgetrunkene Biersorte, im weiteren Verlauf des Jahrhunderts geriet sie aber in Vergessenheit. Lediglich die traditionsreiche Gohliser Gosenschenke »Ohne Bedenken« hielt die Fahne hoch. Das international auch »German Sour Ale« genannte Getränk hat es aber längst wieder auf einige weitere Getränkekarten der Leipziger Gastronomie geschafft.

Ein anderes Leipziger Original ist der Allasch, der sich hervorragend mit der Gose kombinieren lässt, denn der baltische Kümmellikör nimmt der Gose die Säure. Dass »Allasch« lettisch und nicht sächsisch ist, merkt man gar nicht. Wilhelm Horn hat in den 1920ern von Gohlis aus ein Alkoholika-Imperium aufgebaut, das ganz Mitteldeutschland mit Branntwein, Wein, Sekt, Likör und Allasch versorgte. Motto: »Wein und Korn – stets von Horn«. Selbige schenkte er unter anderem in der »Weinstube« in der Südvorstadt aus, die mit der Sanierung Anfang der 2000er in der Arndtstraße als »Horns Erben« wiederauflebte. Damit lebte auch die Marke Horn wieder auf, und mit ihr das Horn im Logo: Blau auf orangem Grund leuchtet das Blasinstrument von den Flaschen und über dem Eingang in der rekonstruierten Glasfassade – Wilhelm Horn hatte offensichtlich Humor.

40

Güterverkehrszentrum:

Warum hier Fahrräder noch seltener sind als Fußgänger

Ins Güterverkehrszentrum GVZ, den nordwestlichen Stadtteil nahe Flughafen und Autobahn, fährt man, weil man dort arbeitet. Gepriesen als Industrie- und Distributionspark, als Standort für den kombinierten Verkehr von Fertigung und Logistik in der Top-Logistikregion Halle/Leipzig, geschieht hier genau das: Fertigung und Logistik – und alles, was dazugehört. Dieser Logik nach gibt es hier keine Wohlfühloasen, auch Lkw-Fahrer, die Pause machen, suchen sich mit ihrem Gefährt irgendwo einen Parkplatz und schlafen, duschen, essen dort, wo gerade Platz ist. Zwischen den Gehwegplatten der Fußwege sprießt das Grün. Was andernorts als Zeichen gedeutet würde, dass der Hund verreckt ist, heißt hier, wo ständige Bautätigkeit vom Wachstum der Branche im GVZ kündet, dass die paar Fußgänger, die von der Bushaltestelle zur Arbeit laufen, nicht ausreichen, um das Gras beim Wachsen zu stören.

Denn tatsächlich herrscht ein Kommen und Gehen, aber vor allem auf vier oder mehr Rädern, Menschen sieht man nur hinter Glas und Zäunen. Die Radwege sind teilweise mit der Warnung an Autofahrer versehen, Radfahrer bitte nicht über den Haufen zu fahren. Tatsächlich ist die Anfahrt per Rad in diesen Autostadtteil eigentlich nur anzuraten, wenn man im Flughafen wohnt. Über allem schwebt weithin sichtbar das Ufo des Porsche-Kundenzentrums, daneben sind die On- und Offroad-Strecken für die flotten Automobile.

Um dieses Gelände führt ein Weg, der ausnahmsweise mal nicht mit dem Auto befahrbar ist. Auch hier sind Menschen selten. Richtung Wahren oder Lindenthal geht es weiter an einer baum- und buschbestandenen Wiese entlang, die Kröten, Insekten und vielstimmige Vögel anzieht. Auf der Wiese grasen Auerochsen und Pferde – auf Porsches Ausgleichsfläche besorgen sie die Landschaftspflege. Ein Schild warnt, dass Auerochsen wehrhaft sind, gut also, dass ein Zaun die Tiere vom Trampelpfad trennt. So können sie sich auch nicht im Auenwald verlaufen, der auf der anderen Seite des Weges liegt. Noch ein Tipp: Am DHL-Gelände – passenderweise in der Poststraße – gibt es mit dem »Autobriefkasten« einen ganz besonderen Service: Er wird wochentags wie sonntags um 23.30 Uhr geleert. Praktisch, wenn man kurz vor Ablauf des Tages noch den heutigen Poststempel braucht. Das GVZ ist eben *der* Toplogistikstandort.

Halle:

Von Liebe und Hass zu den allzu nahen Preußen

Die größte Stadt Sachsen-Anhalts, einst im sogenannten Che-miedreieck gelegen, steht für vieles: Grün in der Stadt, Musik, Bildende Kunst, Technik, Wissenschaft, Gelehrsamkeit, Scho-kolade, Salz und Architektur zwischen Renaissance und Platte. Hier waren Pietisten und Aufklärer, Humanisten wie Francke, hier gibt es Felsen über der Saale. Und Halle hütet die Him-melsscheibe von Nebra. Aus Leipziger Sicht zählt das alles nicht, ist Halle der nervige kleine Bruder, den man nicht rausschmei-ßen kann und über den man flache Witzchen reißt. Einer geht so: »Das Gute an Halle? – Die Autobahnabfahrt nach Leipzig«. Und das wirkt zurück. Steigt ein Leipziger in Halle bei Regen aus dem Zug und sagt überrascht: »Als ich in Leipzig losgefahren bin, schien noch die Sonne«, kommt beim Hallenser an: »Wäre ich bloß in Leipzig geblieben!«

Wer etwas für so unbedeutend hält, dass er es kaum der Rede wert findet, sollte eigentlich nicht darüber reden, sollte keine Energie dafür aufwenden, die Herablassung und die stetige Abwehrhaltung zu formulieren, sondern sich einfach zufrieden in der eigenen Bedeutsamkeit sonnen. Dass Halle in Leipzig zuverlässig Emotionen weckt, wirft dann doch die Frage auf, was das geradezu reflexhafte Rumgehacke auf Halle soll. Stellt man diese Frage nicht mehr ganz so jungen gebürtigen Leipzigern, kommt die Antwort: »Weil es früher eine dreckige Industriestadt war.« Da muss man zurückfragen: »Was bitte war denn Leipzig?«

Tatsächlich haben beide Städte vieles gemeinsam. Kurze Wege, man kennt sich, die Großstadt ist ein Dorf, in dem Skandale und Filz nicht ausbleiben, Kleingeist ist hier wie dort verbreitet und die Weltläufigkeit im Allgemeinen lediglich eingebildet. In Halle begrüßt man sich mit: »Na, Meinor!«, in Leipzig mit: »Na, mei Gudsdor!«. Jemand aus Meppen hört da keinen Unterschied, auch nicht zwischen Hallenser »Rumjeloofe« und Leipziger »Rumgeloofe«. Schon lange residieren beide Städte über einen Ballungsraum, sie bilden einen Eisenbahnknoten, haben einen gemeinsamen Flughafen und eine gemeinsame Industriegeschichte, Dreck inklusive. Mit Magdeburg und Dresden ist es die jeweils unwürdigere Stadt, die Landeshauptstadt geworden ist und die eigene Stadt gezielt und aus reiner Boshaftigkeit benachteiligt. Zur Strafe sind das behäbige Residenzstädte voller obrigkeitshöriger mausgesichtiger Beamter, während in Halle und Leipzig der Bär steppt, aber so richtig.

Vielleicht ist das der Kern und nicht etwaige Animositäten über Preußen und Sachsen, die längst vergessen sein dürften. Vielleicht liegt hier der Grund, warum man die schöne Nachbarin nicht lieben will, jedenfalls nicht öffentlich. Sie ist einfach zu ähnlich.

*

Handschwengelpumpen:

Delfine, Löwen und Vogelkäfige auf Leipzigs Straßen

Schon in den frühen mittelalterlichen Zeiten des Stadtlebens war Wasser eine Frage des Überlebens. Hätten die Einwohner keine öffentlichen Brunnen gehabt, sie hätten es nicht lange ausgehalten, und schon die ersten Leitungen in einzelne Bürgerhäuser dürften eine Erleichterung des Alltags gewesen sein. Sogenannte Wasserkünste schöpften seit dem 16. Jahrhundert Pleißewasser in die Gassen. Als die Stadt 1866 ein Wasserwerk auf den Connewitzer Bauernwiesen eröffnete, konnte erstmals eine moderne Druckwasserleitung in Betrieb gehen, die bis in die einzelnen Häuser verlief, Komfort wurde nun in langsamen Schritten für alle möglich. Damit verschwanden aber die Brunnen nicht aus dem Stadtbild, vielmehr legten die Wasserwerke weitere an, aus denen das Wasser mit gusseisernen Handschwengelpumpen nach oben befördert wurde. Das war keine Spielerei, wie sie es heute ist, denn die Feuerwehr brauchte das Wasser, um Brände zu bekämpfen, und die allgegenwärtigen Pferde neigten zum Durst.

Um 1900 gab es mehr als 280 solcher Pumpen, ein paar weitere auf Friedhöfen. Weil die Notwendigkeiten des täglichen Lebens auch gut aussehen sollten, wurden sie künstlerisch gestaltet.

Einige lassen sich mit aufmerksamem Auge noch heute finden. Beim »Delphin«, dem ältesten noch vorhandenen Modell, wird das Pumpengehäuse vom namensgebenden Tier bekrönt. Wenig später entstand der Typ »Gotik«, der seinen Namen wahrscheinlich wegen seiner Ornamentik erhielt. Die Pumpen kommen freilich nicht ohne Wappentier aus: Beim Modell »Kleiner Löwe«, für das 1908 extra ein Wettbewerb ausgeschrieben wurde, blickt die Großkatze ziemlich grimmig in die Welt. Zwei Jahre später kam der »Große Löwe« in die Straßen, versehen mit einer Prise Jugendstil. In diesem Jahr entstand auch das Modell »Vogelkäfig«, es ist nur nicht ganz klar, was für ein Vogel da auf der Pumpe thront. Sponsoren und die Wasserwerke haben sich bemüht, einige der Handschwengelpumpen zu restaurieren oder durch Kopien zu ersetzen, andere rotten in bedauernswertem Zustand vor sich hin.

43

Heldenstadt:
Als die Leipziger 1989 um den Ring liefen

Es ist geradezu unvermeidlich, in Leipzig den Satzanfang zu hören: »Dafür bin ich neunundachtzig nicht um den Ring geloofen, …« Zur Ergänzung einzusetzen ist mit Belieben alles, was die Seele temporär oder auch längerfristig bedrücken und empören kann. Bei der Frequenz, mit der diese allgemeinen Beschwerden fallen, sollte man meinen, dass die ganze Stadt unterwegs war, als die Leipziger auf dem Innenstadtring liefen. Tatsächlich waren es mindestens 70 000, darunter auch Angereiste aus dem näheren oder weiteren Umland, die am 9. Oktober, zwei Tage nach dem 40. Republikgeburtstag, für Rechte und Freiheiten auf die Straße gingen. Vorher waren die Nikolaikirche und andere innenstädtische Kirchen zum Friedensgebet prall gefüllt, die Menge derer, die nicht mehr hineinkam, rief draußen: »Keine Gewalt«. In den Kirchen wurde der »Aufruf der Sechs« verlesen, das vernahmen dann auch die Stasileute, die in den Bänken saßen. Im Radio und über die Stadtlautsprecher hörten es freilich sowieso alle. Die »sechs« waren die drei Sekretäre der SED-Bezirksleitung Kurt Meyer, Jochen Pommert und Roland Wötzel sowie der Kabarettist Bernd-Lutz Lange, der Theologe Peter Zimmermann und Gewandhauskapellmeister Kurt Masur. Ihr Aufruf lässt sich ebenfalls mit »Keine Gewalt« zusammenfassen. Als die Menschen Richtung Augustusplatz liefen – damals Karl-Marx-Platz –, rief der Leipziger Polizeichef Gerhard Straußenburg die SED-Bezirksleitung an und schlug vor, den Einsatzbefehl zurückzunehmen. Die Bezirksleitung versprach, sich zu melden, und rief Egon Krenz an. Dieser versprach auch, sich zu melden. Das war noch nicht geschehen, als die Demo am Hauptbahnhof angekommen war. Als Krenz dann doch zurückrief, soll Straußenburg gesagt haben: »Nu sinnse rum.«

Seitdem hat die Stadt das Label »Heldenstadt«, und diese Leute an jenem Tag – und an den Montagen davor – waren natürlich Helden. Schließlich hatte Honecker die Niederschlagung angeordnet und der Kommandeur einer Kampfgruppe in der Zeitung mit dem Gebrauch der Waffe gedroht, es gingen genügend Gerüchte um von in Stellung gebrachten Panzern wie Leichenwagen und von Krankenhäusern mit bereitgestellten Blutkonserven. Die Innenstadt war seit dem Mittag geräumt, und manch Demonstrant erinnerte sich, dass er ja in der Nationalen Volksarmee gelernt hatte, wie er als Unbewaffneter mit einem Panzer umgehen kann, nämlich indem er mithilfe seiner Jacke der Besatzung die Sicht nimmt.

Bekanntermaßen blieb es an jenem Abend in Leipzig friedlich, ebenso dürfte bekannt sein, dass es danach ganz schnell ging. Und zwar irgendwie mit allem: Die Mauer fiel, es gab Begrüßungsgeld; aus »Wir sind das Volk« wurde »Wir sind ein Volk«. Auf einmal standen nicht mehr Bürgerrechte im Raum, sondern D-Mark und Bananen. Als es nicht mehr ungefährlicher war, hinter der Gardine zu schauen, was denn bei den Montagsdemos so los ist, ging wohl jeder mal gucken. Es dauerte gar nicht lange, bis auch manche Menschen ihre nationalen Wallungen austoben wollten. Ihnen schwebten eher großdeutsche Pläne vor denn ein emanzipatorischer Staat.

Als »Freiheitsbaum« wurde 1999 auf dem Nikolaikirchhof eine klassizistische Palme aufgestellt. In der Nikolaikirche hatten 1982 die Montagsgebete begonnen, bis 8000 Menschen an einem Montag Ende September die Polizeiabsperrung um die Kirche durchbrachen, und es auch am 2. Oktober wieder eine Reihe von Verhaftungen gab. Künstler Andreas Stötzner wollte die Kirche als Ausgangspunkt des Marsches um den Ring mit dem überhaupt nicht christlich gefärbten Anliegen der Demonstranten verbinden. Die Palme orientiert sich deshalb an den klassizistischen Säulen in der Kirche. Der Granitbrunnen und die 146 beleuchtbaren Glaswürfel im Pflaster gehören ebenfalls zum Gedenkensemble. Dazwischen sitzen Rentner auf dem Freisitz der »Alten Nikolaischule« und essen Kuchen.

Fährt man durch die neuen Bundesländer, hat wohl jede Stadt ihre Wendegeschichte zu erzählen, und natürlich auch die Geschichte, wie bei ihnen alles anfing, wer wann was auf die Beine stellte und wie viele Tausend, in kleineren Orten eventuell auch nur hundert, auf der Straße waren. Insofern ist der Herbst 1989 vielleicht als Mosaik zu sehen, in dem weit mehr steckt als die Leuchttürme Plauen, Dresden, Karl-Marx-Stadt, Leipzig, Berlin – und es keineswegs immer friedlich blieb. Wären die Leute nicht überall aktiv geworden, wäre nicht überall die Autorität gebröckelt, es wäre womöglich alles anders gekommen. Auch wenn das ein banaler Schlusssatz ist.

Heimliche Wappenpflanze:

Warum der im Frühjahr allgegenwärtige Bärlauch Küchen-gespräche bereichert

Im Frühjahr liegt in weiten Teilen des Leipziger Stadtgebiets ein Knoblauchduft in der Luft. In manchen Jahren beginnt diese Ankündigung des nahen Winterendes schon im März, und sie kann bis in die ersten Junitage reichen. Den Geruch strömt der Bärlauch aus, ein naher Verwandter von Knoblauch, Zwiebel und Schnittlauch, der in der frühen Jahreszeit den Boden des Auwalds bedeckt. Wahlweise als Kraut, Gewürz oder Gemüse bezeichnet, bereichert er die Angebotstafeln der hiesigen Gastronomie, etwa in Form von Bärlauchsüppchen oder Pesto. Doch nicht nur Köche storchen sammelnderweise durch den Auwald. Auch so mancher

Haushalt hat die heimische Produktionsstrecke zur Pesto-Herstellung in jahrelanger Routine perfektioniert – so hat man bis zum nächsten Frühjahr nicht nur einen Vorrat, sondern auch immer ein Mitbringsel bei Einladungen. Dabei ist allerdings Vorsicht geboten: Manch einer kann den Bärlauch schon lange nicht mehr riechen und gerät allein schon aufgrund seiner Allgegenwärtigkeit in Wallung. Folglich gehört zur Bärlauchsaison immer auch die Gretchenfrage danach, ob dieser die kulinarische Auswahl nun tatsächlich verbessert. Eine andere, stets von Neuem diskutierte Frage ist, ob man nach dem Genuss wirklich keinen Knoblauchatem hat. Außerdem wird immer wieder erörtert, wie oft Sammler fälschlicherweise Maiglöckchenblätter mitnehmen und sich daran vergiften – immerhin dürfte der Bärlauch zur Maiglöckchensaison bereits blühen, und dann sollte er nicht mehr verzehrt werden. Und dann wird mit Sicherheit auch noch die Anekdote von den Nazis erzählt. In der Zeit des Nationalsozialismus habe es nämlich Pläne gegeben, das sympathischerweise auch »Zigeunerkraut« genannte Gewächs auszurotten. BDM-Mädels, so heißt es, sollten ausschwärmen und die Pflanzen ausgraben.

Naturschützer freuen sich übrigens nur bedingt über seine große Verbreitung, auch wenn sie ihn noch so gern essen: Der Bärlauch ist nämlich ein Indiz für Trockenheit, wie sie es im Auwald eigentlich nicht geben sollte. Noch ein Hinweis zur Ernte: Von einem Büschel immer nur ein paar Blätter nehmen und diese kurz über dem Boden abschneiden.

❋

Hinterhofprediger:

Wie viele freikirchliche Gemeinden sich in den Nebenstraßen verbergen

Leipzig ist eine atheistische Stadt. Über achtzig Prozent der Bevölkerung können eine Zugehörigkeit zu einer Religionsgemeinschaft nicht vermelden, ein kleiner Anteil verteilt sich auf »Sonstige« wie Moslems, Juden oder Buddhisten, gut zehn Prozent waren 2011 Mitglied der evangelischen und nur knapp fünf Prozent Mitglied der katholischen Kirche. Deshalb gab es in der Stadtöffentlichkeit kaum Verständnis dafür, als zwischen 2013 und 2015 gegenüber des Neuen Rathauses eine katholische Kirche mit recht hohem Turm gebaut wurde – die Namen »Hauptfeuerwache« und »St. Tetris« sind des Volksmunds Quittung dafür. Noch kleiner war das Verständnis dafür, dass in der stets klammen Stadtkasse eine Million gefunden wurde, um 2016 den Katholikentag in Leipzig mitzufinanzieren. Dennoch schickt man seine Kinder gerne aufs Eva Schulze, das Evangelische Schulzentrum. Unweit davon hockt eine freikirchliche Gemeinschaft zwischen Wohnhäusern in der Bernhard-Göring-Straße, fast so unscheinbar wie zum Beispiel die in der Schenkendorfstraße. Das Religiöse boomt in den Nebenstraßen. 2010 gab es 72 Religionsgemeinschaften, deren Mitglieder sich aus sämtlichen Weltreligionen rekrutieren. Da beten Hindus, Sikhs und Krishnas, die griechisch-orthodoxe und die rumänisch-orthodoxe Gemeinde teilen sich eine Kirche, es gibt eine pakistanische Moschee und ein islamisches Kulturzentrum der Bosniaken. Illuster ist die Vielfalt der Freikirchen mit Baptisten, Youth Church, koreanischen Methodisten, Zeugen Jehovas und Pfingstlern. Die wenigsten von ihnen können auf Prachtbauten zurückgreifen, nur manche haben tatsächlich so was wie Gotteshäuser mit Kirchturm und Glocke. Die anderen treffen sich einfach im Gemeindezentrum mitten im Wohngebiet.

46

Industriekultur:

Wie alte Gemäuer belebt werden

Mitte der 1990er zogen die ersten Neumieter in Teile der Feinkost. Es folgte eine Phase der Unsicherheit, die vor allem der Treuhand zu verdanken war. Den Anfang machte unter anderem der Fahrradladen Rücktritt – er ist längst am Roßplatz zu finden – im zweiten Hinterhof des Geländes. Mit Lesungen, Konzerten, Disco und der »Fetten Majunke« als Freisitz vor dem Laden bespielten sie mit weiteren Mitstreitern auf unterschiedliche Weise die Höfe und Keller.

Die Feinkost in der Südvorstadt war Mitte des 19. Jahrhunderts eine Brauerei, ab den 1920ern wurden Nahrungsmittel produziert, nach dem Zweiten Weltkrieg stellte der VEB Feinkost hier Konserven her. Nach der Wende standen die Gebäude leer, Handwerker, Händler, Künstler oder Dienstleister zogen ein. Das Denkmal war im Besitz der Treuhand, die ein Einkaufszentrum plante, dem der Abriss vorausgehen sollte. Nach jahrelangem Hin und Her wurde der Treuhand der vordere Teil abgekauft – und zwar keineswegs nur für den durchaus üblichen symbolischen Euro –, im hinteren Teil entstand ein Discounter. Die sanfte Sanierung durch die Genossenschaft ist nach wie vor im Gang, mehr und mehr Flächen werden einer Nutzung zugeführt. Die Kultur kommt weiterhin nicht zu kurz. Märkte, Theater, Sommerkino, Biergarten und natürlich die Geschäfte sorgen für regen Publikumsverkehr. Am Tag des Offenen Denkmals wird sogar mal wieder in die Keller gestiegen. Touristen wie Einheimische machen Fotos von der Löffelfamilie, die 1973 im Zuge der Initiative »Leipzig – Stadt des Wassers und des Lichts« angebracht wurde. Die vielfarbig blinkende vierköpfige Familie löffelt Suppe, am unteren Rand wird für »Obst- und Gemüsekonserven, tischfertige Gerichte, doppelt konzentrierte Suppen« aus dem Haus geworben.

Auch das Lindenauer Tapetenwerk ist ein Industriedenkmal. Ebenso wie in der Feinkost keine Konserven mehr produziert werden, geht hier keine Tapete mehr über die Produktionsstrecke. In dem Werk siedelte die erste und bis heute einzige Manufaktur für Longboards, die Shredderei. An einem der unwirtlichen Abschnitte der Lützner Straße gelegen, war die Nachbarschaft des Geländes lange mit recht wenig Hipness versehen. 1873 als Tapetenfabrik gegründet und bis 2006 in Betrieb, wurden 2007 die acht Hallengebäude und Kontorhäuser verkauft. Das sich anschließende Tapetenfest 1.0 machte deutlich, dass die Tapeten in der Industriearchitektur der Gründerzeit nun Geschichte waren. Es war die Zeit, als Leipzig noch als Beispiel für eine schrumpfende Stadt zitiert wurde. Folglich machte man sich Gedanken, wie

Leerstand und Verfall vorgebeugt werden könne. Eine Gemeinschaft, die sich zum Arbeiten, Wohnen und langsamen Sanieren zusammenfindet, schien für das Tapetenwerk realistischer als der Umbau zu Luxuswohnungen. So befinden sich auf dem Gelände unter anderem eine Buchdruckerei, ein Goldschmied, Grafik- und Mediendesigner, eine Schuhmacherin oder eine Castingagentur. Und jedes Jahr wird das Tapetenwerkfest gefeiert, das sich mittlerweile als Rundgang durch Kunstausstellungen sowie offene Ateliers und Werkstätten etabliert hat.

Rundgänge durch Ausstellungen kennt das Spinnereigelände zur Genüge. Die Entwicklung der ehemaligen Baumwollspinnerei fand nicht ganz so lautlos statt wie die des Tapetenwerks: Im Frühjahr und Herbst wimmelt es auf den krummen Kopfsteinpflasterwegen vor überregionalen Besuchern und auch immer noch vor überregionaler Presse. »From cotton to culture« lautet der Slogan für die Hallen und Gebäude in – natürlich – Backsteinarchitektur der Gründerzeit, eine kleine Stadt, entstanden hinter dem Bahnhof Plagwitz zwischen 1884 und 1907, in der sich einst die größte Spinnerei auf dem Kontinent befunden hatte. Unter schwierigen Bedingungen setzte man die Arbeit nach dem Zweiten Weltkrieg fort, nach der Wende wurde der Betrieb geschlossen und abgewickelt und 1993 von der Treuhand weiterverkauft. Bis 2000 produzierten hier nur noch wenige Angestellte Reifenkord. Da war die Umnutzung schon längst im Gange, Künstler waren in leere Gebäude gezogen, es gab bereits Büros, Werkstätten und Galerien, die Tangofabrik und eine Schauspielbühne. Nach dem nochmaligen Verkauf 2001 hatte endgültig keiner mehr Interesse an der Garnproduktion, vielmehr wuchs die Zahl der Mieter. Aus der Halle 14, dem größten Gebäude, wurde ein Zentrum für zeitgenössische Kunst. 2004 gab es eine erste gemeinsame Ausstellung auf dem Gelände, es zogen mehrere Galerien ein, 2005 fand der erste Rundgang statt. Immer mehr Mieter ohne künstlerische Ambitionen kamen hinzu. Nebenbei ging und geht die Sanierung auch hier Stück für Stück vonstatten.

Die Sanierung des Werk II startete 1996. Ursprünglich war es eine Gasmesserfabrik, deren vielfältige Erweiterungen und Umbauten die Backsteinbauten am Connewitzer Kreuz zu verdanken sind. 1952 gliederte die Stadt Leipzig das Gelände an den VEB Werkstoffprüfmaschinen Leipzig an, die Zweigstelle hieß Werk II. Nach der Abwicklung des VEB gründete sich ein Kulturverein. Auf dem Gelände sind Unternehmen, Vereine, Künstler und die Cammerspiele ansässig, die Werkstätten ziehen alle Generationen an. Das Programm in den Hallen reicht von Messen und Theater über Konzerte bis zur Disco. Somit ist das Werk II längst ein beständiger Garant für ein vielfältiges Kulturprogramm.

Kabaretts:

Wie die Leipziger Kleinkunst der Fernseh- konkurrenz trotzt

Der Comedian macht seinen Job bekanntlich wegen dem Geld, der Kabarettist aber des Geldes wegen. In Leipzig, der Stadt mit der langen Kabarett tradition, machen die Kabaretts aber Mario Barth keine Konkurrenz, wenn er einmal im Jahrzehnt in der Arena auftritt. Dabei wäre es zu einfach zu sagen, dass sich hier eben das Publikum teilt, sich die Spreu glasklar vom Weizen trennt, denn auch beim Kabarett gilt: Nicht alles, was witzig sein kann, ist auch gleich intelligent, und nicht überall, wo Kabarett draufsteht, sind präzise politische Analysen drin. Letzteres war auf jeden Fall zu DDR-Zeiten gefragt, heutzutage mag es hier und da auch einfach erwünscht sein, wenn auf eine »Männer und Frauen passen nicht zusammen«-Nummer die nächste folgt. Die Vielfalt in der Stadt, die irgendjemand »Deutschlands Kabaretthauptstadt« getauft hat, ist allabendlich groß, reicht von Politsatire über liebevolle Kleinkunst bis zu derberem Zotengejage, und immer wieder sind Gastspiele zu begrüßen. Die Häuser sind privat geführt, müssen also jeden Abend voll sein, und das pro Programm über Monate hinweg. Offensichtlich gelingt ihnen das allen.

Die Pfeffermühle ist mit über sechzig Jahren die älteste Kleinkunstbühne. Ähnlich alteingesessen sind die Academixer, die 1966 als Studentenkabarett starteten. Dass das Centralkabarett um Meigl Hoffman das jüngste ist, lässt kein Qualitätsurteil ableiten. Das Programm ist gehoben, politisch und literarisch, die Titel der Programme versuchen nicht bereits auf die Lachmuskeln zu zielen, wie man so schön sagt, sondern klingen seriös. Da wird man einfach »Vom Witz getroffen« oder bekommt das »Warm-up fürs Burnout«. Claudius Bruns im Horns Erben kann ebenfalls nicht auf eine jahrzehntelange Tradition zurückblicken. Er hat mit »Allein am Elfenbein« ein Programm mit Gesang und Klavier, absurden Anekdoten, lyrischen Momenten und tiefsinnigen Politikerwitzen zusammengestellt. Kleinkunst heißt hier, dass Text, Musik und Spiel zusammenfinden. Bei der Leipziger Funzel läuft dies unter dem Titel »So wahr uns Spott helfe«. Das Kabarett Sanftwut ist sicher am bekanntesten für seine Figuren Moni und Manni und erzählt unter anderem die »Schröpfungsgeschichte« aus dem »Land der Bekloppten«. Das Theater am Palmengarten geht »Mit Sex and Crime durchs Altersheim« und findet: »Mit den Dritten lacht man besser«. Das Leipziger Brettl, Sachsens kleinste Solobühne, will seit Jahren »Guchn didschn« und danach »Quarkkeulchen und Goggolohres«, und zwar mit Mundartdichterin Lene Voigt dort, »wo de Bleisse bläddschert«. Den Höhepunkt der Humorigkeit bildet die Lachmesse. Das internationale Kabarett- und Kleinkunstfestival findet seit 1990 jeden Oktober statt. Eine Woche lang haben die Besucher all-abendlich die Auswahl zwischen etwa zehn Vorstellungen, den Abschluss bildet eine Gala in der Oper, natürlich jede Menge Lacher inklusive.

48

Kulkwitzer See:

Vom Veteran der Tagebau-restlöcher

Der einzige Volljährige im Leipziger Neuseenland wurde bereits ab 1963 geflutet, gebadet wird hier seit 1973. Entsprechend ist das Gelände um die anderthalb Quadratkilometer große Wasser-fläche im Westen Leipzigs sehr gut auf Touristen und Badegäste eingestellt. Es gibt mehrere Strände inklusive eines behinderten-gerechten Badestegs und natürlich Restaurants und Imbisse. Am bekanntesten ist der Kulki – auch überregional und in Europa – sicher als der See für Taucher. Die kommen gern von weiter her und wohnen dann auf dem hiesigen Campingplatz. Jedes Jahr verzeichnet der Kulkwitzer See eine halbe Million Besucher. Am Ufer sitzen mehrere Segelvereine, es wird gesurft und gerudert, sportliche Massenhöhepunkte der Saison sind Marathon und Tri-athlon. Der See hat eine Wasserskianlage und ist übrigens auch bei Anglern beliebt. Sogar im Winter ist Activity möglich, denn auf der Lausener Seite gibt es einen Rodelberg.

49

Innovation und Forschung:

Vom ersten Atomstörfall, einem künstlichen Hüftgelenk für einen Tiger und dem größten Wolken- simulator

Der erste Störfall im Zusammenhang mit einer Kernreaktion fand in Leipzig statt. Dies war 1942 in der Linnéstraße im Physikalischen Institut der Universität. Dort gab es den Prototypen eines Kernreaktors, in dem plötzlich eine Stichflamme entstand, sodass sich die mit einer dreiviertel Tonne Uran befüllte Aluminiumkugel auf 1000 Grad aufheizte. Konstruiert wurde der Apparat nach den Modellen eines gewissen Werner Heisenberg. Er wurde hinzugezogen, konnte aber auch nichts machen. Zwei Tage brauchte die Reaktion in der »Uran-Maschine« zum Abklingen, inzwischen erfüllte Uranstaub die Luft. Die Beteiligten und Eingeweihten waren wohl tüchtig erschrocken, auch wenn eine Kernschmelze nicht möglich gewesen wäre.

Weniger bedrohlich ist eine andere Weltpremiere ausgegangen, im schlimmsten Fall hätte eine Malaysische Tigerdame betrauert werden müssen. Diese hieß Girl, lebte im Hallenser Zoo und litt unter Arthrose am rechten Hüftgelenk. Die Spezialisten der Veterinärmedizinischen Fakultät der Uni Leipzig verpassten ihr Anfang 2011 in einer dreistündigen OP ein neues Gelenk. Für notwendig war dieser erstmalig vorgenommene Eingriff erachtet worden, weil die Malaysischen Tiger vom Aussterben bedroht sind. Es gibt weltweit etwa 500 davon in freier Wildbahn, die Zucht ist schwierig. Die Prothese wurde kostenlos zur Verfügung gestellt und zur Unterstützung ist – ebenfalls kostenlos – ein italienischer Spezialist eingeflogen worden, der solche Eingriffe schon an Hunden vorgenommen hatte. Zwei Jahre später begann die Tigerdame zu humpeln, weil im künstlichen Gelenk ein Bruch aufgetreten war. Um diesen zu beheben, wurde eine weitere OP angesetzt, bei der Girl einen Herzstillstand erlitt und verstarb. Sie hat in ihrem knapp elfjährigen Leben acht kleine Tiger geboren, die in Zoos in ganz Europa leben.

Im Leibniz-Institut für Troposphärenforschung werden keineswegs die sogenannten Chemtrails hergestellt, denen einige Mitbürger unterstellen, sie dienten zur Manipulation der Bevölkerung. Das Labor hat den größten Wolkensimulator weltweit, aber das darf man sich als nicht mit der Wolkenwissenschaft Vertrauter nicht so monströs vorstellen, auch wenn der silbrige Zylinder im Wissenschaftspark beeindruckend aus dem Flachbau des Instituts herauswächst. Das Rohr, in dem sie mit verschiedenen Partikeln experimentieren und die Wolkenbildung simulieren, ist sieben Meter lang, die Partikel bewegen sich im Nanobereich. So können gezielt Messungen und Rückschlüsse vorgenommen werden, können die Erkenntnisse über den Einfluss von Aerosolpartikeln direkt in Klimamodelle einfließen und die Vorhersagbarkeit von schwer vorhersagbaren Niederschlägen verbessern. Die Wolke im Rohr hat ungefähr einen Durchmesser von zwei Millimetern. Manche nennen sie auch die kleinste Wolke der Welt.

Kiezfaschismus:

Von Plagwitzer Hipstern, spießigen Schleußigern und arbeits- losen Lindenauern

Spätestens als die ersten frisch Zugezogenen so um 2012 rum anfingen, die Karl-Heine-Straße, die die westlichen Stadtteile Plagwitz und Lindenau voneinander trennt, »Karli« zu nennen, war vor allem im Süden – in Südvorstadt und Connewitz – klar, dass mit diesem Westen etwas nicht in Ordnung ist. Immerhin ist »Karli« seit Menschengedenken der Name für die Karl-Lieb-knecht-Straße, die zum Connewitzer Kreuz führt. Die Leute im Westen haben schnell selbst gemerkt, dass sich ihr Selbstverständnis so nicht ausdrücken lässt. Und sie haben sich darauf geeinigt, dass der Süden doof ist, weil die da alle gentrifiziert sind und Geld haben: Schon bevor sie in deutsch- wie fremdsprachigen Reiseführern und Hypezig-Jubelartikeln Erwähnung fand, hat der Barmann einer Kneipe unweit der Karl-Heine erklärt, dass man Südvorstädter als Gäste nicht wolle.

Im Westen leben nicht nur die ganzen Künstlerinnen und Künstler, sondern auch andere Kreative und solche, die es werden wollen, zu erkennen sind sie an ihrer authentisch-individuellen Uniform. Da gibt es zum Beispiel junge Damen, die aus alten Klamotten neue machen. Das heißt dann Upcycling, das Ergebnis nennt sich Unikat und Lieblingsstück. Und weil die Dawanda-Verkäufe so gut laufen, mietet man an der Merseburger oder der Georg-Schwarz-Straße ein Ladengeschäft, stellt die Nähmaschine rein und nennt das Ganze Atelier. Apropos Merseburger: Bitte nicht lachen, wenn besagte 2012 Zugezogene mit Grusel und Entsetzen davon erzählen, wie schlimm diese finstere, von Nazis bevölkerte Straße bis in die Nullerjahre war. Ja, sie war wirklich schlimm. Überhaupt war der ganze Westen lange düster und unbelebt. Da gab es keinen Biomarkt, keine jungen Modeläden und keine Künstlerbüros auf Industriebrachen. Wer dort als Student der günstigen Mieten wegen hinzog, plante meist, spätestens mit dem Abschluss in der Hand die Kohleheizung gegen Fernwärme auszutauschen. Auch wer östlich der Karl-Heine, also streng genommen in Lindenau, lebt, gab als Wohnort lange Plagwitz an; bisweilen ist dieses Phänomen immer noch anzutreffen. Der Grund ist einfach: Plagwitz klingt nach Kreativität, Zukunft und Weltaufmerksamkeit von »Guardian« bis »New York Times«. Lindenau dagegen verheißt Langzeitarbeitslosigkeit seit 1990, schlechte Zähne, eine kalte Wohnung und Nachbarn, die alle Strophen des Deutschlandliedes auswendig können. Wenn das Prekariat so trostlos ist, fehlt ihm eindeutig der Glamour. Am Abend schnappt sich der Bewohner des Westens sein Fixie und besucht damit eine Vernissage im Viertel. Oder er fährt zur Sachsenbrücke, legt sein Fixie mitten in den Weg und fühlt sich zwischen Klampfenklängen und Mateflaschen ganz verwegen und Avantgarde. Schade, dass die Zeiten vorbei sind, als Clueso hier spontan für ein Konzert auftauchte. Wer auf dem Heimweg noch späten Hunger verspürt, hat Pech, denn fast alle Imbisse und Lokale auf der Karl-Heine machen früh am Abend zu.

Die Welle der Hipster ist ab Ende der Nullerjahre so schnell über den Westen hereingebrochen, dass die, die sie losgetreten hatten, bald selbst nicht mehr sicher waren, wie lange sie sich die Miete dort noch würden leisten können. Die Hartz-IV-Empfänger sind jedenfalls aus manchen Straßen komplett verdrängt, die Einwohnerschaft wird ausgetauscht. Entsprechend wurde Plagwitz schon zum Hotspot der Yuccies erklärt, der »young urban creatives«, die sich immer noch für Boheme halten, aber ihr Geld im Callcenter verdienen und nicht mit Kunst, nicht mal als Social-Media-Berater. Andere zogen ins ebenfalls westlich der Elster gelegene Schleußig, dorthin geht man, um in Ruhe zu gebären. Dankenswerterweise haben die Schleußiger schon früh dafür gesorgt, dass diese Ruhe sichergestellt ist, indem sie die meisten Kneipen verjagt haben. Unruhe bricht in den Morgenstunden aus, wenn der Nachwuchs im SUV zur International School gebracht wird und sich Staus bilden. Die Schule liegt an der Könneritzstraße, der Schleußiger Hauptstraße, die von den Anwohnern tatsächlich »Kö« genannt wird. Beim Straßenfest auf der, nun ja, Kö fällt die Dichte an Markenklamotten auf. Da können mit einer vierköpfigen Kleinfamilie schon mal locker 2500 Euro vor einem langschlendern, jedenfalls unterstellt, dass kein Kleidungsstück vom Flohmarkt stammt. Beim Schlendern schlecken sie Eis, und zwar »organic, vegan and handmade«. Der kontemplative Familienspaß hat spätestens dann ein Ende, wenn es nicht weitergeht, weil in zweiter Reihe Autos auf dem Fußweg parken. Die Parkplatznot in Schleußig ist ein emotionaler Dauerbrenner, und schuld sind nicht etwa die vielen Autos – von denen laut Stadt etwa 900 gar nicht regelmäßig bewegt werden, also vorrangig angeschafft wurden, um eben im Weg rumzustehen –, sondern die Stadtverwaltung, die mangels Zauberkräften keine Abhilfe schafft.

51

Laubenpieper:

Wie sie wurden, was sie sind, erzählt das Deutsche Kleingarten- museum

39 000 Gärten in 278 Anlagen werden von Leipziger Kleingärtnern beackert. Die Sparten oder Vereine nennen sich »Bachsche Erben«, »Vorwärts«, »Am Friederikenschacht« oder »Nach Feierabend«. Ihren Ursprung hatte die Kleingartenbewegung vor 150 Jahren in der Stadt. Gerade erlebt sie eine Renaissance, und vermehrt begehren auch junge Familien eine kleine Scholle. Wie es überhaupt dazu gekommen ist, dass Stadtbewohner sich ihr kleines Glück im Grünen zaubern, zeigt das Deutsche Kleingartenmuseum an der Aachener Straße im Vereinshaus des ersten Schrebergartenvereins, das 1896 eingeweiht wurde und sich in der denkmalgeschützten Kulisse des Gartenareals befindet.

Auf Veranlassung des Stadtrats Moritz Seeburg entstanden ab 1832 Armengärten im Johannistal, die Naturheilbewegung trug das ihrige dazu bei, dass die Idee Anhänger fand. 1864 kann als das Gründungsjahr des Schreberwesens gelten, als dem Mediziner Daniel Gottlob Moritz Schreber ein Turn- und Spielplatz gewidmet wurde. Daneben wurden kleine Gärten angelegt, die eigentlich für Kinder gedacht waren. Als die Erwachsenen mitzumischen begannen, wurde der Verein gegründet und im Gedächtnis an Herrn Schreber Schreberverein genannt. Es fanden sich Nachahmer, und so entstanden dort immer mehr Gärten und in schnellem Tempo auch weitere Anlagen im Stadtgebiet.

52

Leipziger Allerlei:

Warum es das Gericht nicht im Tiefkühlfach gibt

Natürlich gibt es im Supermarkttiefkühlfach ein Angebot, das »Leipziger Allerlei« heißt. Der Inhalt der solcherart benannten Packung mit Erbsen, Spargelstückchen und Möhrenkugeln trägt diesen Namen nur völlig zu Unrecht. Leipziger Allerlei – also das echte – kann es nämlich gar nicht jederzeit und überall geben. Das liegt an seiner Zubereitung und an den Zutaten. Die haben im Frühjahr Saison. Die Auswahl der Gemüsesorten – Möhrchen, junger Blumenkohl, Erbsenschoten, Kohlrabi, Spargel – überschneidet sich nur zum Teil mit der Gemüsemischung, und dann kommen noch Flusskrebsschwänze und Morcheln dazu. Die jungen Gemüse werden getrennt auf den Punkt gegart und anschließend – selbstverständlich noch heiß – mit dem Krebsfleisch, den Morcheln und einer Sauce aus Krebsbutter, Mehl, Weißwein und Sahne serviert. Zu früheren Zeiten stammten die Zutaten aus Pleiße, Auwald und von den Äckern vor den Stadttoren. Wer befürchtet, von Gemüse allein nicht satt zu werden, betrachtet das Allerlei als Beilage und brät sich einen Fisch oder ein Stück Fleisch dazu.

53

Leipziger Schule:

Der verblassende Hype um die Malerei

Es war mal wieder die »New York Times«, die es schaffte, den Leipzigern die Brust schwellen zu lassen, als sie Kunstkennern den Besuch der Spinnerei ans Herz legte und bejubelte, was dort möglich und entstanden ist und dass dabei sogar ein gewisser Neo Rauch mitmischt. Dieser war Mitbegründer, Aushängeschild und Zugpferd der Neuen Leipziger Schule, die sich in den Achtzigern in Anlehnung an die vorangegangene Leipziger Schule um Heisig, Mattheuer und Tübke gründete. Das Etikett bekamen mehr oder weniger alle angeheftet, die bis Mitte der Neunziger die Leipziger Hochschule für Grafik und Buchkunst (HGB) besuchten.

Wie schon der Leipziger fehlt auch der Neuen Leipziger Schule ein gemeinsamer Stil, der im Allgemeinen ja die Festlegung von Schulen rechtfertigt. Vielleicht war das Etikett aber auch wichtig für den Kunstmarkt. Der hatte nach der Wende nicht ausgerechnet auf Malerei gewartet, sich aber irgendwie doch von Leipzig dazu überreden lassen, ein bisschen Osten war ja auch charmant damals. Der Enthusiasmus reichte allerdings nur bis in das beginnende Jahrtausend hinein. Seither hat sich der Fokus des Marktes verlagert, hat aber auch die Malerei in Leipzig ein neues Gesicht bekommen: Das Träumerisch-Surreale, das den Bildern oft anhaftete, hat sich den veränderten Realitäten angepasst, in denen die Leipziger Kunstszene längst nicht mehr das lockerleichte Probierfeld für einen schmalen Taler darstellt und es sich jeder leisten kann – monetär wie inhaltlich –, ständig ohne Festlegung und auf der Suche zu sein. Das hat auch damit zu tun, dass so ein Label eine Erwartungshaltung formuliert, der auf Dauer niemand ausweichen kann. Die Ausbildung an der HGB veränderte ebenfalls ihr Profil, was manche beweinten, andere für den normalen Lauf der Dinge hielten, ebenso wie die Tatsache, dass künftige große Maler vielleicht nicht mehr aus Leipzig kommen.

Schon vorher hatte das Feuilleton zum kollektiven Gähnen angesetzt und war sich einig darin, dass das, was die Klassen für Malerei bei den HGB-Rundgängen ausstellen, zwar handwerklich gut gemacht sei, aber eben doch auch eher fad. Es war sogar Häme zu hören, als sich auf dem Spinnereigelände, dem gefeierten Hort der internationalen Kunst schlechthin, ein Callcenter einmietete, also mal keine Galerie oder galerienahe Dienstleistung.

Linden:

Warum Leipzig doch die Stadt der Linden ist

»Sachsens schöne Lindenstadt« nannte Johann Christoph Gottsched, Schriftsteller, Dramaturg und bemühter Reformer in Sachen Literatur, Leipzig Mitte des 18. Jahrhunderts. »Auf, du geliebte Lindenstadt«, schrieb Bachs Textdichter für eine der Ratswahlkantaten dem Bass ins Rezitativ. Und als Ernst Moritz Arndt 1813 die Völkerschlacht in den höchsten Tönen pries, schwärmte er »O Leipzig, freundliche Lindenstadt«. Natürlich scheint es ganz und gar nicht weit hergeholt, Leipzig als Lindenstadt zu bezeichnen, schließlich stehen genug herum, zum Beispiel als Begrünung des Straßenrandes, und die Stadtteile Lindenau und Lindenthal müssen ja auch irgendwie zu ihren Namen gekommen sein. Der Name »Leipzig« selbst soll »Lindenstadt« bedeuten, eine Bezeichnung, die aus der Zeit der slawischen Besiedlung stammt. Man nimmt an, dass die alten Sorben den Ort zwischen Elster, Parthe und Pleiße »Lipsk« nannten, was – abgeleitet von *Lipa* (Linde) – Lindenort heißen könnte. Da muss es also schon vor 1400 Jahren viele Linden gegeben haben, die dann knapp 400 Jahre später auch die »deutschen« Siedler vorfanden, woraufhin sie den Sorben zuriefen: »Sorben! Seht, dort ragt die Linde, voll und würzig ist ihr Duft; ihren Fuß umspülten Wogen und ihr Haupt die Sommerluft. Wildpret geben ihre Forsten, Fische spendet uns der Fluss – hier, ihr Männer, ist die Stätte, wo man Leipzig gründen muss!« So jedenfalls stellte sich Erwin Bormann 1879 das souverän-teutonische Agieren vor.

Das Wissen über den frühen Ortsnamen stammt aus alten Quellen wie der von Thietmar von Merseburg. Der Bischof und andere schrieben aber im elften und zwölften Jahrhundert von *Libzi* oder *Libiz*. Also nichts mit *Lipa*, der Linde, vielmehr sind Libzi die Bewohner eines Ortes namens Libz. Und was ist *Libz*? Alles Suchen im alten Germanischen und Sorbischen fördert die Antwort nicht zutage. Es kommt erschwerend hinzu, dass die schriftlichen Quellen, die uns vorliegen, teilweise lange nach den letzten engen Kontakten mit Sorben entstanden und deutlich eingedeutscht sind. Da könnten die jeweiligen Autoren also schon ihre eigenen oder die zu ihrer Zeit üblichen Deutungen mit haben einfließen lassen. Denkbar ist auch, dass *Libz* jemandem aus der Zeit vor den Slawen im siebten und den Germanen im zehnten Jahrhundert eingefallen ist, und dann wurde der Name weitergegeben. Immerhin sind auf dem Gebiet des heutigen Leipzigs Besiedlungsspuren seit der Jungsteinzeit nachgewiesen. Stochert man ein wenig im indoeuropäischen Sprachnebel, stößt man auf eine Wurzel (**(s-)lei*), die als Ortsname auf eine Gegend verwiesen haben könnte, die von viel Flusswasser geprägt und deren Gelände entsprechend lehmig und schlüpfrig ist. Nicht völlig abwegig, betrachtet man sich die Landschaft und denkt sich die Siedlungen weg: Flüsse, Sümpfe, Auenlehm, so weit das Auge reicht. Nehmen wir an, es hat sich so zugetragen. Dann haben die Leute ganz früher Leipzig »Ort in einer flusswasserreichen Gegend« genannt, und die Sorben sagten einfach nur »Ort in der Lib-Region«. Die späteren Deutschen konnten sich auf *Libz* keinen Reim machen, sahen vielleicht sogar ein paar Linden, erinnerten sich an das sorbische *Lipa*, und schon wohnten sie in der Lindenstadt. Die heutigen Leipziger können sowieso Jubellieder auf ihre Lindenstadt anstimmen: Die Linde ist aktuell der häufigste Straßenbaum, und ihre Blüten verströmen in jedem Frühsommer einen betörenden Duft.

Logistik:

Von der Gründung des deutschen Versandhandels zu DHL und Amazon

Als das vegetarische Kauf- und Versandhaus Thalysia 1900 in das Versandgeschäft einstieg, hatte das Reformhaus Sanitas schon den gesamten Osten des Landes erobert und lieferte dorthin. Darüber konnte Ernst Mey vermutlich nur schmunzeln. Er hatte 1886 den ersten Versandhandel mit Warenkatalog gegründet. Angefangen hatte er 1870 zusammen mit Franz Emil Bernhard Edlich mit einer Produktionsstätte für Papierkragen und -manschetten, die sie am Neumarkt verkauften. Einige Jahre später enthielt ihr Sortiment bereits weit mehr als Papierstoffe, nämlich unter anderem Seife, Schmuck, Lederwaren, Einrichtung und Kolonialwaren. An der späteren Fabrik für die Papierwäsche in der heutigen Ernst-Mey-Straße sieht man linker Hand den Schriftzug »Mey & Edlich« an der Fassade, wenn man von Schleußig kommend die Könneritzbrücke Richtung Plagwitz überquert. Der erste bebilderte Katalog mit den Waren aus dem Hause Mey & Edlich erschien, wie gesagt, 1886, ein weiteres Novum war, dass die Waren per Post geliefert wurden. Mit Niederlassungen von Hamburg bis London wurde das Unternehmen zu einem Versandhandel von Weltrang. In der Ernst-Mey-Straße werden unter der Marke Mey & Edlich seit einigen Jahren wieder Herrenhemden eingetütet und versendet. Quelle – einst am Stadtrand – ist nun keine Konkurrenz mehr. Von Vorteil für den Versand könnte sein, dass DHL an den Toren der Stadt sitzt. Ebenfalls vom Stadtrand aus verschickt Amazon im Prinzip alles, was der Kunde wünscht. Dieser Stadtrand wird immer voller. Die Logistik-Region Halle/Leipzig liegt bundesweit auf Platz drei – hinter Hamburg und Berlin – und zieht mehr und mehr Firmen an.

56

Löwenstadt:

Wie die Großkatze ins Stadtwappen kommt

Ja, Leipzig hat einen Zoo, und wie es sich für solch eine Einrichtung gehört, gibt es da auch Löwen. Nun taucht der Löwe auf Leipziger Stadtsiegeln schon im 14. Jahrhundert auf. Da war an den Zoo lange noch nicht zu denken und schon gar nicht daran, dass Löwen auf dem Stadtgelände leben. Tatsächlich befindet sich der Löwe sogar auf dem Wappen aus wettinischer Zeit, also im 13. Jahrhundert. Um 1475 wird das Wappen verändert, und nun ist es der Löwe der Markgrafen von Meißen, der auf der linken Hälfte im Profil seltsam gestikulierend zu sehen ist. In seinem Rücken auf der rechten Hälfte sind blaue Balken abgebildet, die Pfähle der Markgrafen von Landsberg. Somit war Leipzig angekommen in Kursachsen. Angeblich hat der Löwe mal auf die Pfähle geblickt. Das würde erklären, warum er aufrecht mit ausgefahrenen Krallen und überdimensioniertem Schwanz, die Tatzen und Zunge mitten in der Bewegung, versucht, furchterregend auszusehen, als wollte er sie niederreißen. Der König der Tiere sollte wohl allen zeigen, dass in Leipzig Herrschaftlichkeit und Stärke Trumpf sind.

Dieses Buhlen um Prestige blieb nicht auf Wappen und Siegeln beschränkt. Am (früheren) Ortseingang begrüßen Löwenstatuen den Einreisenden, eine Zeit lang waren furchtbar bunte Löwen überall in der Innenstadt aufgestellt, ein vergessenes Exemplar winkte noch im Frühjahr 2016 an der Oper. Den Eingang des einst »Löwenfabrik« genannten Zoos zieren die Löwen ebenso wie den Grabstein des Zoogründers Pinkert, außerdem das Bundesverwaltungsgericht, den Löwenbrunnen auf dem Naschmarkt, die Alte Börse, Altes wie Neues Rathaus, die Deutsche Nationalbibliothek und den Turm des Polizeipräsidiums. Richard Wagners Geburtshaus hieß »Zum roten und weißen Löwen«, und die Löwenapotheke in der Grimmaischen Straße gibt es seit dem 15. Jahrhundert. Somit verwundert es nicht, dass die Leipziger Verkehrsbetriebe ihren in der Stadt eingesetzten Niederflurgelenktriebwagen Leoliner nennen und die Lachmesse alljährlich den Löwenzahn verleiht. Und als die Stadt 2015 Tausendjähriges feierte, gab es einen Sternmarsch von fünf Festumzügen, an denen – man ahnt es – Löwenfiguren beteiligt waren. Die fünf »Lipsias Löwen« genannten Skulpturen symbolisierten Kultur, Wissenschaft, Handel, Medien; Sport und Umwelt teilten sich den fünften. In der Innenstadt trafen sie auf die Stadtgöttin Lipsia, und auf dem Augustusplatz beendeten eine Bühnenaufführung, Musik und Feuerwerk das Spektakel.

Mariannenpark:

Warum der Volkspark seine eigenen Rosenpaten hat

»Rasen betreten verboten«. Derart charmante Schilder sieht man zum Glück nicht in Leipzigs Stadtgrün. Die Parks sind hier nicht nur zum disziplinierten Flanieren da. Da robben Kleinstkinder über die Wiese, picknicken Gruppen in großer Runde oder liegen andere einfach nur in der Sonne. Vereine veranstalten Kinderfeste, die halbe Stadt lauscht dem Hörspielsommer, und die Massen lümmeln sich vor großen Leinwänden zum Public Viewing bei Meisterschaften. Die von Gärtnern und Architekten geformte Natur ist reizvoll, vielgestaltig und für die Naherholung geradezu prädestiniert. »Nah« ist dabei wörtlich zu verstehen, denn von keinem Stadtteil ist es weit zum nächsten Grünstreifen.

Die Kulturlandschaft der städtischen Parks begann um 1800 zu entstehen, als die Befestigungsanlagen um die Stadt durch einen grünen Promenadenring ersetzt wurden. Nach wie vor findet man dort verschiedene gärtnerische Anlagen. Die zahlreichen Parks sind noch etwas älter und stammen zum Großteil aus dem späten 18. Jahrhundert. Einige wurden dem Auwald abgetrotzt. Eine beinahe direkte Verwandlung von Wald in Grünanlage fand zum Beispiel beim Palmengarten oder beim Scheibenholz statt. Nicht wenige Parks waren von Anfang an beliebte Ausflugsziele der Erholung suchenden Allgemeinheit. Sogenannte Volksparks spiegeln das Verständnis wider, dass Parks nicht ausschließlich zum Bestaunen von Sichtachsen da sind, sondern vielmehr eine soziale Aufgabe haben und integrativ wirken.

Clara Hedwig Baronesse von Eberstein auf und zu Schönefeld, die letzte Besitzerin des dortigen Ritterguts, verfügte, dass nach ihrem Tod neben der Einrichtung eines Stifts für höhere Töchter – das Mariannenstift – die zum Gut gehörenden Ländereien unbebaut bleiben sollten. Zu dieser Zeit war Schönefeld geradezu weit von der Stadt Leipzig entfernt. Nach ihrem Tod beschloss der Gemeinderat Schönefeld, einen Park anzulegen, 1913 wurde damit auf 22,3 Hektar begonnen. Gestalter war der Landschaftsarchitekt Leberecht Migge, und er dachte dabei an alle Gesellschaftsschichten. Das war damals ebenso fortschrittlich wie der regelmäßige Grundriss, der verschiedene funktionale Bereiche vorsieht. »Dekoratives Grün« nannte Migge die alten Anlagen, und das war es ausdrücklich nicht, was in Schönefeld entstehen sollte. Migges Entwurf sah auch einen Rosengarten vor, dessen Anlage 1926 vollendet wurde. Seitdem gab es einige Veränderungen im Park, der den Umbauten zum Trotz seit 1991 unter Denkmalschutz steht. Bereits 1998 wurde der Staudengarten restauriert, zwischen 2011 und 2013 der historische Rosengarten. Damit sollte einerseits die Gestaltung wieder an den Ursprung angenähert werden, andererseits der Park – und damit auch der Stadtteil Schönefeld – neue Belebung erfahren. Zur Wiederanlage wurden drei Rosensorten gepflanzt: die rahmweiß gefüllte »La Palmona«, die leuchtend rote »La Sevillana« und die weiße, halb gefüllte »Schneeflocke«. 674 Pflanzen waren dafür nötig, zusammen kamen sie dank Spenden und auch dank Rosenpaten.

✳

Markkleeberger See:

Wo Wildwasser- rafting möglich ist

Der ältere der beiden Erben des Tagebau Espenhain wurde zwischen 1999 und 2006 geflutet. Er schafft es auf bis zu 58 Meter Tiefe und gilt damit als der tiefste See im Leipziger Neuseenland. Seine Wasserfläche liegt bei 252 Hektar, der Uferrundweg ist knapp zehn Kilometer lang. An der Nordpromenade gibt es Restaurants und einen Bootssteg; Wassersportangebote fehlen ebenso wenig wie ein Fahrgastschiff, nämlich die »MS Wachau«. Badestrände findet man fast in allen Bereichen, und am Hang sind Siedlungen mit Wohn- und Ferienhäusern entstanden.

Der Kanupark hat den See weit über die Stadtgrenzen hinaus berühmt gemacht. Er verfügt über die modernste künstlich angelegte Wildwasserstrecke Europas, erlaubt neben Freestyle, Rafting und Kajak auch Hydrospeed oder Wildwasserabfahrten. Die Anlage ist Schauplatz internationaler Kanuwettkämpfe. Oberhalb der Auenhainer Bucht hat 2014 ein Kletterpark eröffnet. Am See beginnt der Geopfad, der am Störmthaler See endet. 16 Stelen erzählen dort von tertiären Flusslandschaften, der Eiszeit und altsteinzeitlichen Funden in Markkleeberg.

Marzipan statt Singvogel:

Warum sich eine gehaltvolle Süßspeise Lerche nennt

Im *Leipziger Kochbuch* von Susanna Eger aus dem Jahr 1745 findet man ein Lerchengericht. Dieses konnte nur auf indirektem Wege eine bis heute reichende Tradition begründen, denn zu Zeiten der Egerin meinte man mit Lerchen tatsächlich die Singvögel. Sie wurden gekocht, gebacken, gegrillt oder kamen als Pastetchen auf den Tisch. 1876 verbot der Rat der Stadt den Lerchenfang, um die Tiere zu schützen, die sich unter dem Begriff »Leipziger Lerche« zum Exportschlager bis nach Russland und Amerika entwickelt hatten, weil sie an besonderen Tagen als Delikatesse zum Speiseplan dazugehörten. Als Ersatz ließ man sich einen mit Marzipan und Konfitüre gefüllten Mürbeteig einfallen – eine Art sehr gehaltvollen Muffin –, den fast jeder Bäcker im Angebot hat – das Qualitätsgefälle ist leider beträchtlich.

»Mein Leipzig lob ich mir«:

Warum Leipzig die ungeliebte Durchfahrt Prominenter ist

Eine Sache ist so sicher wie das Amen in der Kirche: Wenn die Worte »Goethe«, »Leipzig« und »Klein-Paris« in einem Satz fallen, dann geht es darum, sich im Lob des Dichterfürsten zu sonnen. Leipziger scheinen das Wissen mit der Muttermilch aufzusaugen, dass der spätere Geheimrat über die Stadt gesagt hat: »Mein Leipzig lob' ich mir! Es ist ein klein Paris und bildet seine Leute«. Tatsächlich stammen diese Worte aus Goethes Feder. Nachzulesen sind sie aber nicht in seinen gesammelten Reiseempfehlungen, sondern im *Faust*. Dort spielt eine Szene in Auerbachs Keller, es wird gezecht, und der betrunkene Student Frosch – nicht gerade ein Sympathieträger – verteilt Spitzen an die Umsitzenden und die Stadt. Goethe hat eigentlich eher über die Stadt gemeckert. Als Student freute er sich zunächst über das multikulturelle Gewusel

zur Messezeit. Doch er kam nicht gleich so an, wie er es sich gewünscht hätte. Er hatte die falschen Klamotten für die Kreise, in
die zu gelangen er gedacht hatte, und die Frauen lachten über seinen
Stil. Außerdem wurde er seines hessischen Dialekts gewahr, was
traumatisch gewesen sein muss, denn er fürchtete nicht weniger,
als seine Identität zu verlieren. In einem Brief von 1766 schrieb
er: »Ich fange an, mit den Leipzigern und mit Leipzig ziemlich
unzufrieden zu werden.« Seinen Kummer ertränkte er mit dem
Grafen von Lindenau, und gemeinsam ergingen sie sich im Spott
über die Leipziger und in Gewaltfantasien gegen sie.

Luther ist in Mitteldeutschland die Figur, mit der jede
Ortschaft für sich wirbt. Leipzig hat das selbstverständlich nicht
nötig und hätte es übrigens auch nicht leicht damit, den Refor-
mator für Marketingzwecke einzuspannen. Er bezeichnete die
Stadt als »Sodom und Gomorrha«, schimpfte über »Hurerei und
Wucher« und prognostizierte: »Im Jahr 54 wird Leipzig eine Stadt
gewesen sein.« Er hat vergessen, das Jahrhundert des Untergangs
zu erwähnen, man darf also gespannt bleiben. Jedenfalls wollte er die Stadt meiden: »Ich bin dagewesen, will aber nun nicht
mehr hinkommen.« Ganz ohne Leipzig kam aber auch ein Doktor
Luther nicht zurecht. Immerhin konnte er nur öffentlichkeits-
wirksam reformieren, wenn er seine Ideen auch verbreitete, und
so war er auf Leipziger Verlage und Druckereien angewiesen.
Die halfen auch dabei, die Mitschriften des Schlagabtauschs mit
Johannes Eck unter die Leute zu bringen, der als Leipziger Dis-
putation in die Geschichtsbücher eingegangen ist. Das Gespräch
absolvierten sie in der Pleißenburg. Später kam Luther mehrfach
zum Predigen vorbei. Noch inkognito war er unterwegs, als er
in »Auerbachs Keller« bzw. »Auerbachs Hof« nächtigte, deshalb
lockt dort heute ein Lutherstübchen die Touristen. Nicht ganz
klar ist dagegen, warum der nicht weit davon entfernt gelegene
»Thüringer Hof« einen Luthersaal und ein Luthergericht anbietet,
und zwar Eisbein mit Sauerkraut und Klößen. Immerhin stand
das Vorgängergebäude schon, als nebenan Eck und Luther die
Kirchenspaltung vorbereiteten.

Da hat Karl Marx eine bessere Bilanz zu bieten: Gerade
mal zwei Tage war er 1874 in der Stadt – aus Anlass der Taufe

seines Patensohns Karl Liebknecht. Das reichte, um später die Universität nach ihm zu benennen und mit einem tonnenschweren Relief zu verzieren, das sein Konterfei enthält. Luther hat es dagegen nur zu ein paar Plaketten in der Innenstadt, einer Kirche und zwei Straßen gebracht.

61

Montanwesen:

Wo sächsischer Ruhrgebietscharme blüht

Trümmerschutt und die Nutzung als Müllablade haben mit der Halde Dösen einen längst bewachsenen Sichtpunkt im Süden geschaffen, der als Berg am Rande des Silbersees und des Erholungsparks Lößnig-Dölitz thront, der wiederum ein weitläufiges Grüngelände zwischen Plattenbauten bildet. Nur ein paar Minuten vom Naherholungsgebiet Richtung Westen findet man sich vor einem Förderturm wieder und fragt sich kurz, ob man jetzt ins Ruhrgebiet gebeamt wurde. Dass Leipzig und der Bergbau eng zusammenhängen, ist ja bekannt, die Seenlandschaft kündet davon. Aber diese Seen sind in Tagebauen entstanden, also dort, wo über Tage gearbeitet wurde. In Dölitz hingegen ging es über 60 Meter in die Tiefe, bevor man überhaupt auf Kohle stieß. Und es wurde tatsächlich unter Tage gearbeitet, von 1895 bis 1961 beförderte man aus bis zu knapp hundert Metern Tiefe Braunkohle ans Licht. Diese öffentlich zugängliche Reminiszenz an den mitteldeutschen Braunkohletiefbau – natürlich nur über

Tage – liegt ein wenig einsam in der Landschaft. Es scheint sich nicht oft jemand für die zwei Loren mit aufgepinseltem Bergmannshammerkreuz und »Glück auf«-Wünschen vor dem Schacht zu interessieren. Dabei bilden die Anlagen das Technische Denkmal Schacht Dölitz und liegen an der Straße der Braunkohle. Zu sehen sind unter anderem ein Fördergerüst mit Hängebank und Schachthaus, ein Kohlebunker und eine Verbindungsbrücke zwischen Bunker und Gerüst. Dem Grubenfeld der Schachtanlage ist das Landschaftsschutzgebiet Lößnig-Dölitz zu verdanken. Nach Einstellung der Kohleförderung nutzten die Obere Bergbehörde und das Institut für Bergbausicherheit die Gebäude, bis beide 1990 aufgelöst wurden. Bergbauforschung wurde auf dem Gelände aber weiterhin betrieben. Nach wie vor braucht die Anlage eine Sanierung, zum Tag des offenen Denkmals immerhin ist eine eingehende Besichtigung möglich.

62

Museum der Bildenden Künste:

Wo Alte Meister neben neuen wohnen

Das Museum der Bildenden Künste wird im Volksmund einfach »Bildermuseum« genannt. Das geht leichter von der Lippe und drückt plastisch aus, was sich dahinter verbirgt: ein Haus, in dem

Bilder hängen, die man angucken, aber nicht mitnehmen darf. Der Volksmund schafft sich zudem gerne Ausdrücke für Haltungen gegenüber der Architektur – vor allem für die ablehnenden. Dies war etwa der Fall bei den Parkhauszugängen auf dem Augustusplatz, die mehrheitlich als Verschandelung wahrgenommen und entsprechend »Milchtöppe« genannt werden. Der Museumsneubau von 2004 nun wird im Allgemeinen mit »der Klotz« bezeichnet, was freilich nur unzureichend beschreibt, welch verschiedene Raumwirkungen Beton, Stahl und Glas schaffen können.

Die Leipziger Kunstsammlung hat eine etwa 190-jährige Geschichte. 1848 haben Verleger, Bankiers und Kaufleute das Museum gegründet. Seitdem kamen einige Stiftungen und Schenkungen hinzu. Ein Fokus liegt auf den Leipziger Künstlern Max Beckmann und Max Klinger. Für sein pathetisches Monument namens Beethoven hat man Klinger eigens einen Saal reserviert. Außerdem zu sehen gibt es Malerei und Plastik vom 15. bis zum 18. Jahrhundert, Kunst des 19. und 20. Jahrhunderts und natürlich Zeitgenössisches. Neben den niederländischen und deutschen Alten Meistern sind Romantik und die Neue Leipziger Schule vertreten, unter anderem mit Neo Rauch, Matthias Weischer, Daniel Richter und Christiane Baumgartner. Andere große Namen wären die Cranache, also Lucas Cranach der Ältere wie der Jüngere, Peter Paul Rubens oder Caspar David Friedrich. Das Untergeschoss dient wechselnden Sonderschauen. »Neo Rauch. Begleiter« zog 2010 innerhalb von nur sechs Wochen über 53 000 Interessierte an, was die Zahlen derer schlug, die sich 2008 über Leben und Werk von Gunter Sachs informiert hatten. Nicht ganz so viele, aber immerhin gut 46 000 schauten sich im selben Jahr Lovis Corinth und die Geburt der Moderne an.

✳

63

Museum für Druckkunst:

Wie man früher Bücher machte

Maschinen stehen in der Plagwitzer Nonnenstraße rum, sie sind alt, schwer und mit Ornamenten verziert – und die meisten von ihnen sind sofort einsatzbereit. Das ist auch gut so, denn das Museum für Druckkunst will nicht Objekte in die Vitrine stellen, sondern als historische Werkstatt vorführen, wie das Drucken zu früheren Zeiten vor sich ging. Das beginnt beim Schriftgießen und dem Handsatz, es braucht Setzmaschinen oder Holzstiche für die Illustrationen. Was ein Handsatz ist, erklärt das Museum mit folgenden Worten: »Bis ins 19. Jahrhundert wurde der Bleisatz ausschließlich per Hand ausgeführt. Der Handsetzer entnimmt einzelne Bleilettern aus dem Setzkasten und setzt diese in einem Winkelhaken zu Zeilen zusammen. Fertige Zeilen fügt er auf einem Setzschiff zu einer Kolumne zusammen. Diese Kolumne wird durch eine Kolumnenschnur umbunden, sodass es möglich ist, diese zu bewegen, ohne sie zu zerstören.« Nach dem Drucken muss das Buch natürlich noch gebunden werden. Die Sammlung hat jede Menge Bleischriften, Schriftmatrizen, Holzbuchstaben, Setz- und Gießmaschinen, Handpressen für Hoch-, Tief- und Flachdruck sowie Tiegeldruckpressen. Besonders herausfordernd ist der Musiknotendruck, auf den sich die für Texte geeigneten Verfahren nicht einfach so übertragen lassen. Aus der Musikstadt Leipzig kamen in diesem Bereich natürlich Innovationen.

Besucher können mit Bleilettern gesetzte Noten an einer Tiegel-druckpresse von 1878 selbst drucken und sich auch im Bereich der Buchstaben im Setzen und Drucken ausprobieren. Die Dauerausstellung wird von wechselnden Sonderschauen flankiert. Da ging es in der Vergangenheit um Grafikdesign für die Leipziger Messe, eine Rückschau in 500 Jahre Druckereien und Verlage in Leipzig, um die Kunst des Bucheinbands oder die Schriftgestaltung für den öffentlichen Raum zwischen 1600 und 1920. Workshops und Kurse für verschiedene Altersgruppen runden die Museumspädagogik ab. Gegründet hat das Museum 1994 der Münchner Typograf Eckehart SchumacherGebler, sechs Jahre später wurde es einer privaten Stiftung übertragen.

Musikstadt:

Wo im Schatten der Tradition Neues blüht

Die Leipziger Notenspur verbindet auf 5,3 Kilometern die Orte, an denen berühmte Leipziger Komponisten arbeiteten und lebten. Das Leipziger Notenrad wiederum ist eine 40 Kilometer lange Fahrradstrecke, die zu musikhistorischen Plätzen führt, die nicht so zentrumsnah gelegen sind, darunter die Schönefelder Hochzeitskirche von Clara und Robert Schumann, das Gohliser Haus, in dem Schiller die *Ode an die Freude* schrieb, das Mendelssohn-Ufer beim Bundesverwaltungsgericht, die Musikalische Komödie hinter dem Lindenauer Markt, aber auch das Geburtshaus Hanns Eislers in der Hofmeisterstraße oder das Musikarchiv der Deutschen Nationalbibliothek. Diese Orte weisen logischerweise in die Vergangenheit, die meisten davon weit.

Im 19. Jahrhundert war Leipzig ein Ort, an dem jeder europäische Musikschaffende mal gewesen sein musste. 1835 zum Beispiel kam Felix Mendelssohn-Bartholdy, damals schon gefeiert und berühmt, als Musikdirektor und Kapellmeister des Gewandhauses. Er verhalf unter anderem Johann Sebastian Bach zur Renaissance und gründete den Vorläufer der Hochschule für Musik und Theater, übrigens die erste deutsche Musikhochschule. Robert Schumann weilte und arbeitete hier, verguckte sich in Clara Wieck, die beiden heirateten. Sie empfingen regelmäßig Besuch, darunter natürlich Mendelssohn, außerdem Franz Liszt, Hector Berlioz oder Frédéric Chopin. Mit Richard Wagner war man ebenfalls bekannt. Weitere Namen können nur unvollständig aufgezählt werden: Lortzing, Bruckner, Brahms, Tschaikowski, Mahler, Reger, Strauss. In Leipzig wurden Noten gedruckt und Musikinstrumente gebaut, so die Blüthner-Klaviere an der Ecke Friedrich-Ebert- und Käthe-Kollwitz-Straße. Clara Schumann seufzte von Dresden aus: »Ach wie beneide ich immer Leipzig um seine Musik.« Edvard Grieg aber nörgelte 1906, die Stadt sei »auf Tradition eingeschlafen«.

Schaut man sich ein paar andere Superlative an, die im Zusammenhang mit der Musikstadt Leipzig zu nennen wären, fällt ebenso der Bezug zu lange vergangenen Zeiten auf: ältester Musikverlag, erste öffentliche Musikbibliothek, ältester Hammerflügel, ältester Kinderchor, ältestes Rundfunkorchester, größtes Berufsorchester, erstes Bachdenkmal, einziges Mendelssohn-Haus, ältestes Streichquartett. Die Musikstadt Leipzig scheint sich mit großen Namen und Errungenschaften zu verbinden, die, längst kanonisiert, Museen haben und somit eben von der Notenspur angesteuert werden. Das ist der Notenspur nicht vorzuwerfen, es ist schließlich ihr Anliegen. Die Stadtöffentlichkeit (und ihr Besuch) verpasst allerdings etwas, wenn sie sich lediglich auf den historischen Ausschnitt der Leipziger Musikgeschichte konzentriert, denn Superlative wie die schnellste Doublebass, der längste Metalsong oder der lauteste Punkchor finden so keine Aufmerksamkeit. Sogar die Jazztage, die immerhin schon seit 1969 stattfinden, bleiben dabei unbeachtet. Und welcher Leipziger weiß schon, dass 1984 mit »Das Neue Werk« der Vorläufer der zeitgenössischen »Musica Nova« gegründet wurde, die damals auch Klassenfeinde wie Stockhausen brachte? Wenigstens hat das Bachfest auch immer zeitgenössische Komponisten im Programm, es ist aber quasi fast von selbst gut besucht. Für den städtischen Eventkalender scheinen gute Auslastung und Bedeutung zusammenzugehören, und Ersteres lässt sich schlecht mit Neuer Musik, Jugendsubkultur oder vermeintlich anstrengender Kunst jenseits der Hörgewohnheiten bewerkstelligen. Nicht ganz so leicht wie das Bachfest hat es das A-capella-Festival, das viele Genres vereint, und auf diese Weise erfolgreich zeigt, dass die Zeiten sich ebenso gewandelt haben wie Bachs Erben.

Deshalb ist der Bandnachwuchscontest Sache der »Moritzbastei«, die ist schließlich ein Studentenclub. Highfield und Wave-Gotik-Treffen laufen sowieso unter Jugendkultur, auch wenn sich langsam herumgesprochen hat, dass beides ein Wirtschaftsfaktor sein kann, und es irgendwie schön ist, wenn Tausende Leute sich treffen, um zusammen Musik zu hören. Dass die mit Stolz goutierten wie zitierten Empfehlungen der »New York Times« nicht auf Leipzigs Image als historische Musikstadt zielen, sondern auf das Hier und Jetzt, auf Indie-Labels im Bereich elektronischer Musik, auf illegale Gigs und Partys in mutmaßlich zweifelhaften Locations, fällt unter den Tisch und kann logischerweise keine Förderung vom Kulturamt beanspruchen.

Entsprechend wirbt das Stadtmarketing weder mit dem Club »Institut für Zukunft« noch mit den Labels für Tanzmusik Kann-Records oder Moon Art Harbour Recordings, auch nicht mit den zahlreichen Bands, DJs oder Singer/Songwritern. Die »Distillery« dagegen kann mit Superlativen, Tradition und Musikgeschichte in Verbindung gebracht werden und hat es als ältester Technoclub der neuen Bundesländer auf die Stadtmarketing-Seite geschafft.

Gegenwart wie jüngere Vergangenheit zeigen eine lebendige Musikkultur, die in Zeiten von sich ausdifferenzierenden Genres und Hörinteressen eigentlich gleich mehrere Kulturen abbildet. Immerhin füllen die gebürtigen Leipziger Tim Lindemann mit Rammstein und die Kaulitz-Brüder von Tokio Hotel die Konzerthäuser. Renft, eine der bekanntesten Bands der DDR, spielte von Leipzig aus über Auftrittsverbote hinweg. Zu ihrer Popularität trugen Titel wie *Als ich wie ein Vogel war*, *Rockballade vom kleinen Otto* oder *Wer die Rose ehrt* bei. Auch City sind ohne Leipziger Beihilfe nicht vorstellbar: Den Text für den Ostrock-Dauerbrenner *Am Fenster*, der auch im Westen populär wurde, spendierte die Schriftstellerin Hildegard Maria Rauchfuß. Nicht ganz so berühmt, aber keineswegs erfolglos sind der urbane Elektro von Brockdorff Klang Labor, der Post-Punk von Die Art, der Elektro-Metal von The Sonic Boom Foundation, außerdem Schrödingers Katze und Colbinger, verschiedene Projekte von Tino Standhaft, der musikhistorisch gar nicht zu gering einzuschätzende Metal-Techno von den leider aufgelösten Think About Mutation, der Elektro-Pop von Love Is Colder Than Death und der Indietronic von Krahnstøver. Synthie-Pop- und Postpunk-Sänger Drangsal war mal eine Zeit lang in der Stadt, der Reggae- und Dancehall-Sänger Trettmann provozierte auf Sächsisch und White Wine machen Sachen in sämtlichen Schubladen zwischen Gitarre, Indie und Electro-Art-Pop. Diese kurze und in keiner Weise geordnete Liste wäre noch um einige zu erweitern und gibt einen kleinen Eindruck davon, dass musikalisch nach wie vor oder wieder einiges los ist. Auch der Tourplan auswärtiger Künstler führt gerne in die Stadt von Notenspur und Renftstraße, in der Seume reimte: »Wo man singet, laß dich ruhig nieder ohne Furcht, was man im Lande glaubt, wo man singet, wird kein Mensch beraubt, böse Menschen haben keine Lieder.«

Naturkundemuseum:

Warum das Tagebuch der Region sein großes Erbe nicht ausstellt

Das Naturkundemuseum ist aus irgendwelchen Gründen das Stiefkind der Leipziger Kulturpolitik. Abzulesen war das zum Beispiel 2006 zu seinem 100. Geburtstag. Da gab es einen Jubiläumsempfang, und im Neuen Rathaus wurden Museumsplakate aus 50 dieser 100 Jahre gezeigt. Ansonsten war Fußballweltmeisterschaft und das Stadtmarketing, das sich sonst immer dankbar auf runde Geburtstage stürzt, glänzte keineswegs durch auffällige Aktivitäten. Das mag daran liegen, dass die Sache mit dem Naturkundemuseum allen ein bisschen peinlich ist.

Diese Peinlichkeit ist dem Museum selbst nicht anzulasten, denn es zeigt keineswegs ausgestopfte Elstern und Füchse in staubigen Vitrinen. Natürlich widmet sich das Haus der heimischen Tier- und Pflanzenwelt, darüber hinaus dokumentiert es die Siedlungsgeschichte im Raum Leipzig und dessen Geologie. Zahlreiche Fachgruppen und mit dem Haus verbundene Vereine engagieren sich mit Forschung und Veranstaltungen. Neben der ständigen Ausstellung gibt es regelmäßige Sonderausstellungen, ein naturpädagogisches Angebot für Kinder und eine öffentlich nutzbare Bibliothek mit Archiv. Das tiefe Buddeln in der Erde im Zuge der Braunkohletagebaue rund um die Stadt hat es ermöglicht, mehr als 50 Millionen Jahre in die Geschichte der Landschaft zurückzublicken. Der Schatz des Museums ist seine Sammlung mit rund 2000 Exponaten, darunter Großtier-Dermoplastiken, Vertreter ausgestorbener Arten und unwiederbringliche Zeugen der Landschaft vor dem Braunkohleabbau.

Man sollte meinen, dass den Leipzigern vor Stolz über dieses Museum die Brust schwillt und sie jede Gelegenheit eines Besuchs wahrnehmen. Leiter anderer Naturkundemuseen im Land haben schon öffentlich bekundet, dass sie auf diese Sammlung neidisch sind. Sie dürften froh sein, dass sie es nicht mit dem Gebäude zu tun haben, in dem das Naturkundemuseum untergebracht ist. Die ehemalige Schule sieht zwar von außen hübsch aus, ist innen aber eher verwinkelt und leicht baufällig. Den viel gelobten Exponaten fehlen Platz, Licht und Technik zu einer angemessenen Präsentation, aus Platzmangel mussten in der Vergangenheit schon Sonderausstellungen abgesagt werden. All das war bereits 2006 hinlänglich bekannt, zum Geburtstagsempfang wurde eine Modernisierung versprochen. Viele Vorschläge und Konzepte dafür gab es schon, die letzte Idee wurde sogar in einen Beschluss gegossen, der einen Umzug auf das Spinnereigelände vorsieht, wo sich das Museum dann das Theaterhaus mit der freien Szene teilen soll. Bis dahin wartet das Naturkundemuseum in einer Art Dornröschenschlaf auf Erlösung. Aus Gründen des Brandschutzes musste vor einigen Jahren sogar eine Etage für den Publikumsverkehr geschlossen werden. Die 800 Quadratmeter der anderen beiden Etagen werden nach wie vor bespielt.

Papitzer Lachen:

Wo die Aue noch richtig feucht ist

Über die Jahrtausende haben die Flüsse aus den Gebirgen stetig Sedimente mitgebracht, sodass um Leipzig eine meterdicke Schicht Aulehm wachsen konnte. Daraus lassen sich Ziegel herstellen, weshalb in der Gegend traditionell Lehmbau betrieben wurde. So sind unter anderem die Papitzer Lehmlachen entstanden. Als in den 1970ern der Lehmbau dort eingestellt wurde, sollten sie verfüllt werden, um Ackerland zu schaffen; so hatte man es schon mit anderen Lehmlachen gemacht. Naturschützer konnten aber dafür sorgen, dass die Pläne fallen gelassen wurden. Die Lachen in der Nähe von Schkeuditz in der Luppeaue stehen wie die Aue unter Naturschutz. Zwischen den wassertoleranten Gewächsen leben viele Amphibien, zum Beispiel die stark gefährdete Rotbauchunke, die sich hier in ihrem Bestand erholen konnte.

Diese allgegenwärtige Feuchtigkeit ist in der Aue selten geworden und auch in den Papitzer Lachen nicht selbstverständlich. Die stetige Wasserversorgung kommt aus der Weißen Elster und stammt von Menschenhand. Somit wurde nach den Tatsachen, die der menschliche Eingriff in der Natur geschaffen hatte, ein weiterer Eingriff nötig, um die Lebensräume für viele geschützte Arten zu erhalten. Dass die Papitzer Lachen überhaupt von Austrocknung bedroht sind, ist wiederum noch einem ganz anderen menschlichen Eingriff zu verdanken, der ein Problem für ein viel größeres Gebiet darstellt. Es lässt sich mit »die drainierende Wirkung der Neuen Luppe« überschreiben. Diese ist eigentlich eher ein Kanal. Angelegt in den 1930ern, gräbt sie sich weitgehend sedimentlos in die Flusssohle ein. Somit trocknet der Auwald zwischen Leutzsch und Papitzer Lehmlachen aus. Hinzu kommt, dass die Neue Luppe einige Altgewässer durchschneidet, die deshalb überwiegend trocken liegen. Südlich der Neuen Luppe sollen auf Schkeuditzer Gebiet verschiedene dieser Altläufe miteinander zu einem neuen Gewässer von ungefähr 16 Kilometern Länge verbunden werden, um diesen Bereich der Luppeaue wieder zu vernässen. Zum Vorhaben passt der Name: »Lebendige Luppe« soll das Baby heißen.

67

Parkbogen Ost:
Grünflächen statt verwaister Bahngleise

Über zwanzig Parks und Grünflächen hat die Stadt Leipzig im Portfolio, da sind Kleingärten und der städtische Auwald noch nicht mit eingerechnet. Eine Folge der Deindustrialisierung ist, dass die Luft besser wird, eine andere, dass Industriegebäude nicht mehr gebraucht werden und die Strecken zu ihrer Belieferung weniger frequentiert sind. Sie können vor sich hin verfallen oder einer anderen Nutzung zugeführt werden, im Westen der Stadt kann man das an den Industrielofts gut nachvollziehen. In den Osten haben Künstler lange keinen Fuß setzen wollen, angehende Loftbewohner schon gar nicht. Bereits realisierte Nutzungen postindustrieller Quartiere zeigen, was der Parkbogen vielleicht mal zu vermögen imstande ist: Aus dem ehemaligen Eilenburger Bahnhof wurde ab 1997 der Lene-Voigt-Park. Der erfreut sich mit seinen Wiesen, Spiel- und Sportplätzen bei den Reudnitzern großer Beliebtheit, auch wenn man das seinem Spitznamen »Todesstreifen« nicht unbedingt anmerkt. Nachdem die Bevölkerung schon in die Planungen mit einbezogen wurde, verbringen hier verschiedene Altersgruppen ihre Freizeit, abgetrennte Bereiche sind eigens fürs Spielen und zur Ausübung verschiedener Sportarten ausgestattet.

Vor einigen Jahren wurden – auch im Zuge des Citytunnels – im Osten Bahntrassen stillgelegt, die bis dahin die Stadtteile eher getrennt als verbunden hatten, was Anlass für Visionen war: Man könnte doch den bestehenden Grünflächen weitere hinzufügen, die Bahnanlagen ersetzen und ebenso verfahren wie beim Lene-Voigt-Park, der damit zum Prototyp wurde. Die noch vorhandenen Teile der ehemaligen Krausefabrik für Buchbindereimaschinen in Anger-Crottendorf werden inzwischen privat saniert. Ihre Reste verfielen vor sich hin, auf dem Gelände ist wilder Wald entstanden. Oder der Viadukt in Sellerhausen: Er könnte zum Leipziger High Line Park werden.

Ist er fertig, bildet der Parkbogen Ost eher einen fast geschlossenen Kreis vom und zum Innenstadtring denn einen Bogen. Grassimuseum und Lene-Voigt-Park gehören dazu, weiter östlich die ehemaligen Bahnanlagen von Anger-Crottendorf, Richtung Norden die von Sellerhausen. Der Volksgarten und der Stünzer Park sind ebenso integriert wie der Mariannenpark und im Nordwesten des Bogens der ehemalige Postbahnhof sowie der ehemalige Verladebahnhof. Kilometerweise Gleisanlagen erfahren so eine Neugestaltung. Wohngebiete, Kleingärten, Brachen und Baudenkmäler werden verbunden, gleichzeitig rücken die Stadtteile näher zusammen. Die Strecke ist fünf Kilometer lang und bildet einen grünen Weg für Fußgänger und Radfahrer von der Innenstadt über Reudnitz, Anger-Crottendorf, Stötteritz, Sellerhausen, Schönefeld bis zum künftigen Wohnquartier westlich des Hauptbahnhofs.

Pferde:

Von der Pferde- eisenbahn zur Pferde- rennbahn

Das einstige Pferdebahndepot befand sich auf dem Gebiet des heutigen Westwerks. Dadurch erklärt sich, warum ein Gebäudeteil des Werks auch heute noch Pferdestall heißt. Der frühe Personennahverkehr per Pferdeeisenbahn wurde in Leipzig 1872 eingeführt. Ihr Vorteil gegenüber der Kutsche: Wegen der Schienen ist die Fahrt weniger holprig. Die ersten Strecken führten vom Augustusplatz nach Reudnitz und vom Roßplatz aus einmal um den Ring und nach Connewitz. Ein Vierteljahrhundert später wurden die »Hafermotor« genannten Pferde entlassen, und die Bahn fuhr fortan mit Elektroantrieb. Geblieben ist bis heute die immense Spurweite von 1458 Millimetern – das schafft keine andere deutsche Straßenbahn.

Ähnlich wie der Name Connewitz sich aus dem sorbischen »Ort mit Pferdehaltern« herleitet, hat der Roßplatz seinen Namen nicht aus einer Laune heraus erhalten. Im Jahr 1625 wurde auf dessen Vorläufer zur Messezeit ein Pferdemarkt abgehalten, später kamen Pferderennen hinzu. Diese zogen Mitte des 19. Jahrhunderts auf Schimmels Wiese im Scheibenholz um, die sich dank Stadtnähe und Lage im Grünen schnell zum Ausflugsziel mauserte, erst recht, als zu Beginn des 20. Jahrhunderts Gastronomie dazukam. Heute sieht es so aus, als hätte sich daran nichts geändert, freilich hat die Rennbahn dank Besitzerwechseln und Sanierungsnotstand nicht nur glanzvolle Zeiten gesehen. Der Betreiber muss etwa 30 Hektar Grün bewirtschaften, die Gebäude instand halten, und die Angestellten im weitläufigen Restaurant, das sich in alter Tradition großer Beliebtheit erfreut, möchten nicht nur bei schönem Wetter ihr Gehalt bekommen. Deshalb ist auch außerhalb der vier Renntage auf dem Gelände was los: Themenrenntage, Open-Air-Kino und Flohmärkte sollen ein dem Pferdewetten eher nicht affines Publikum anlocken.

Noch ein Fun Fact für Fans von Heiligengeschichten: An der Ostseite der Nikolaikirche hängt hinter einem Gitter ein Hufeisen – wegen des Gitters nur schwer zu erkennen –, das angeblich Ritter Georg dort gelassen haben soll, nachdem er Leipzig trotz seines lahmenden Pferdes – es hatte ein Hufeisen verloren – von einem Drachen befreit hatte. Die Leipziger beschlugen sein Pferd neu, in Erinnerung an die Rettung blieb das verlorene Hufeisen da.

69

Plattenbautristesse:

Wo Grünau am grünsten ist

Ab 1976 entstand mit Grünau die damals größte Großwohnsied-
lung im deutschsprachigen Raum, die zusammen mit Berlin-
Marzahn und Halle-Neustadt zu den größten Plattenbausied-
lungen der DDR gehörte. Knapp 90 000 Leute wohnten hier.
Nach 1990 schrumpfte der Stadtteil um die Hälfte seiner Einwohner, seit 2002 wurden Häuser abgerissen und machten Platz
für Freiflächen mit Wiesen und Beeten. Früher kursierten Anekdoten von Leuten mit Studienplatz in Leipzig, die sich von
der Ferne ihrer alten Heimat aus eine Unterkunft im Grünauer
Wohnheim besorgt hatten. Es folgte die Ernüchterung, als sie
feststellen mussten, dass es sie keineswegs in Grüne verschlagen
hatte und sie außerdem relativ weite Wege zur Uni und von den
Erstsemesterpartys nach Hause zurücklegen mussten. Der Name
»Grünau« kommt aus längst vergangenen Zeiten: Er stammt von
einer Gartenkolonie aus den 1930ern. Abiturienten gerade aus
Westdeutschland wussten vielleicht auch nichts von den Grünauer

Nazis, die in den Neunzigern öfter Schlagzeilen machten, und schon gar nichts vom weitverbreiteten Image als sozialer Brennpunkt in der Plattenbautristesse, das sich bis heute hält.

Heutzutage wird beklagt, dass die Bewohner Grünaus zu alt und – wenn jung – einkommensschwach sind. Die Grünauer selbst sind aber enorm zufrieden und loben die hohe Wohnqualität. Das liegt zum einen tatsächlich am Altersdurchschnitt: Menschen, die zwischen 1976 und 1988 ihr Glück einer Wohnung mit Bad und Fernwärme gar nicht fassen konnten, bewohnen dieselben vier Wände noch immer und identifizieren sich natürlich stark mit »ihrem« Grünau. Dann wurde in der Schrumpfungszeit auch hier ordentlich saniert und entwickelt, und mittlerweile gilt Grünau ganz im Sinne seines Namens tatsächlich als der grünste Stadtteil Leipzigs. Da wäre zum Beispiel der Robert-Koch-Park, 1913 zusammen mit einer Jugendstilvilla als Sommerfrische vom in Plagwitz ansässigen Landmaschinenunternehmer Paul Sack angelegt. Teilweise vom Klinikum St. Georg genutzt, gibt es hier Pavillons und einen Teich mit Bootshaus, außerdem Plastiken, die 1985 während einer internationalen Bildhauerwerkstatt entstanden. Von hier führt eine von der S-Bahn durchschnittene Lindenallee nach Norden, an ihrem Ende beginnt der Schönauer Park, ein nach 1860 realisierter Landschaftspark. Das Rittergutshaus gibt es seit 1979 nicht mehr, dort aber nun einen Staudengarten. Ende der 1980er wurden zwei Natursteinplastiken aufgestellt, 2002 der Park zur Stuttgarter Allee hin erweitert. Und am Frankenheimer Weg gleich um die Ecke haben Anwohner in Eigenregie einen schönen neuen Garten angelegt.

Presse:

Von der weltweit ersten Tageszeitung zum Kreativcluster

Wo Buchdruckerpressen im Einsatz sind, entstehen nicht nur Kalender und Bücher, auch Zeitungen und Zeitschriften kamen irgendwann in Mode, und diese sollten später als »Presse« benannt werden. Die erste Tageszeitung und die erste wissenschaftliche Zeitschrift kamen aus Leipzig. Die Tageszeitung nannte sich »Einkommende Zeitungen« und erschien ab 1650, zehn Jahre später umbenannt in den knackigen Titel »Neueinlaufende Nachricht von Kriegs- und Welthändeln«. Der Zensur wegen musste die ab 1702 erschienene »Europäische Fama« vorsichtig sein, wenn sie von den europäischen Königshäusern berichtete. Weniger zensorischen Zündstoff enthielt sicher ab 1682 die »Acta Eruditorum«, die eingangs genannte erste wissenschaftliche Zeitschrift, zu der sich nur sechs Jahre später die »Monatsgespräche« gesellten, mit denen Christian Thomasius ein frühes Edutainment-Projekt startete. Ab 1800 besprach die »Leipziger Literaturzeitung« Neuerschienenes, und zwar sechsmal in der Woche. Der Buchmarkt muss zu dieser Zeit schon äußerst lebendig gewesen sein. Die Entwicklung der Drucktechnik ermöglichte bald Illustrationen, wie die »Illustrirte Zeitung« ab 1843 zeigte, zu Beginn des 20. Jahrhunderts waren die Bilder dann sogar mehrfarbig. Der ewige Nörgler und Möchtegern-Reformer Gottsched verantwortete ab 1725 die erste deutsche Frauenzeitschrift namens »Vernünftige Tadlerinnen«. Getadelt hat freilich nur er in seinen Ergüssen zu in seinen Augen schlechtem Verhalten, das er unter den wohlklingenden Pseudonymen Calliste, Iris und Phyllis an die Dame zu bringen versuchte. Schon im nächsten Jahr ließ er es damit wieder sein. Über hundert Jahre musste die Welt danach auf eine richtige Frauenzeitschrift warten, nämlich die »Frauenzeitung«, die Louise Otto Peters ab 1849 unter dem Motto »Dem Reich der Freiheit werb ich Bürgerinnen« herausgab. Als das sächsische Presserecht es Frauen untersagte, redaktionell zu arbeiten, ging die Zeitung nach Gera in Thüringen.

Überhaupt war die revolutionäre Zeit Mitte des 19. Jahrhunderts eine Blütezeit der Zeitungen, mittels derer liberale, demokratische oder sozialistische Gedanken verbreitet werden sollten, und ab dieser Zeit häuften sich auch die Schließungen von Redaktionen und Verhaftungen von Redakteuren, weil die Regierenden fürchteten, das Volk könnte auf die Idee kommen, sich selbst zu regieren. Das traf etwa Robert Blum mit seinen »Sächsischen Vaterlandsblättern«, die kritische Leipziger »Locomotive« und die »Deutsche Theaterzeitung«. Der »Leipziger Allgemeinen Zeitung« wurde zum Verhängnis, dass sie 1842 ein Gedicht von Georg Herwegh druckte. August Bebel und Wilhelm Liebknecht wurden wegen Hochverrats 1871 in Leipzig zu jeweils zwei Jahren Festungshaft verurteilt. Vorher hatte Liebknecht Hinweise für Arbeit und Arbeiter bei der »Mitteldeutschen Volkszeitung« platziert, beide zusammen hatten 1866 das »Demokratische Wochenblatt« gegründet und 1869 in »Der Volksstaat« umbenannt. Demokratisch war zunächst auch »Die Gartenlaube«, die von 1844 bis 1853 erschien, aber im Laufe der Jahre erst kleinbürgerlich wurde und schließlich in keinem Widerspruch mit den Nazis stand. Von Anfang an, also ab 1892, konservativ waren die »Leipziger Neuesten Nachrichten«, die sich im ersten Drittel des 20. Jahrhunderts zur größten deutschen Tageszeitung außerhalb Berlins entwickelten. Ein eher linkes Profil hatte dagegen die seit 1919 erschienene Wochenzeitung »Der Drache«, die Hans Reimann gründete und für die bis 1925 Leute wie Erich Kästner, Joachim Ringelnatz, Kurt Tucholsky oder Lene Voigt schrieben. »Der Wähler« war ab 1887 ein sozialdemokratisches Lokalblatt, das 1894 von der »Leipziger Volkszeitung« ersetzt wurde. Diese fühlte sich der USPD verpflichtet. So eine klare politische Haltung sollte das nach wie vor erscheinende Blatt später nicht mehr haben. Nach dem Zweiten Weltkrieg war sie SED-Organ, heute ist sie die einzige verbliebene Tageszeitung in Leipzig und darüber hinaus. Stellenkürzungen sollen den stetig nachlassenden Absatz ausgleichen. Das Monatsmagazin »kreuzer«, gegründet 1991, kann dagegen leicht wachsende Abo- und Verkaufszahlen verzeichnen. Und dann gibt es noch das Internet, wo die »Leipziger Internet Zeitung« seit über zwölf Jahren lokal berichtet.

Zu den ältesten Rundfunksendern gehörte die Mitteldeutsche Rundfunk AG – Gesellschaft für drahtlose Unterhaltung und Belehrung, die ab 1924 sendet. Nach dem Namenswechsel zu Reichssender Leipzig erfolgte 1946 die Umbenennung in Mitteldeutscher Rundfunk. So heißt er wieder seit 1992, in den Jahrzehnten davor gehörte das Funkhaus Leipzig zum Radio DDR. Das breiteste Programm hat sicher Radio Blau, seit 1995 das nichtkommerzielle freie Radio der Stadt, in dem über hundert Leute Beiträge ihren Interessen gemäß selbst produzieren. Von ihrer Tätigkeit leben wollen und müssen Radio Leipzig und Detektor FM. Sie zählen ebenso zum Kreativcluster der Stadt Leipzig wie die Produktionsfirmen und Dienstleistungsunternehmen der Media-City um den MDR herum, die südlich des Bayrischen Bahnhofs entstand.

Psychiatriemuseum:

Rosskuren vergangener Zeiten

Daniel Paul Schreber war der Sohn des Doktor Schreber, dem zu Ehren in Leipzig die ersten Kleingärten entstanden. Der Jurist litt an Paranoia und absolvierte mehrere Psychiatrieaufenthalte, in der Heilanstalt Dösen verstarb er. Hinterlassen hat er das Buch *Denkwürdigkeiten eines Nervenkranken*, das später Freud inspirieren sollte. Schrebers Geschichte wird im Sächsischen Psychiatriemuseum in der Mainzer Straße erzählt, das pikanterweise gar nicht weit entfernt vom Kleingartenmuseum liegt.

Das Museum versteht die Geschichte der Psychiatrie als einen Teil der Sozial- und Kulturgeschichte und konzentriert sich auf die Perspektive derer, die sich in Behandlung befanden. Die berühmte Mundartdichterin Lene Voigt verbrachte beispielsweise wegen Schizophrenie ganze 16 Jahre in Dösen. Hinzu kommen die Biografien von Psychiatern und die Geschichte der Psychiatrie. So beleuchtet die Ausstellung die »Irrenreform« Anfang des 19. Jahrhunderts und auch die Tötung der Kranken im Interesse des »Volksganzen«. Auch gibt sie Antworten auf die Frage, wie kranke oder auch einfach nur sozial auffällige Menschen verwahrt und behandelt wurden. Interessierte können eine zweistündige Stadtführung buchen, die entlang historischer Schauplätze der Leipziger Psychiatriegeschichte führt. Getragen wird das Museum vom Verein Durchblick e.V. Seiner Gründung gingen schon in den Achtzigern Treffen von Psychiatriebetroffenen voraus, die mit der Wende an die Öffentlichkeit gingen und darauf aufmerksam machten, wie die Psychiatrie in der DDR politisch genutzt wurde. Das Anliegen des Vereins ist emanzipatorisch, die Arbeit beinhaltet neben Aufklärung und Tagungsteilnahmen auch Hilfen und die Schaffung von Arbeitsplätzen für Psychiatriebetroffene.

Reform und Bewegung:

Vom Vegetarierbund zum Bio-Einkauf ohne Verpackung

1892 gründete sich in Leipzig der Deutsche Vegetarierbund. Ort der Tat war das »Pomona« in der heutigen Grünewaldstraße, selbstverständlich ein vegetarisches Restaurant. Es gab Grünkernsuppe, Blumenkohl mit Linsenkoteletts, Schoten mit Karotten und Schmorkartoffeln, Makkaroni mit Butter und Parmesankäse,

Nussspeise und Quark mit Butter und feinem Obst. Ein ähnliches Menü könnte sich auch auf heutigen Speisekarten finden, in den beiden rein veganen Restaurants der Stadt gäbe es freilich weder Butter noch Käse noch Quark. Die »Veggie-Hauptstadt des Ostens« hat einige vegan-vegetarische Imbisse, Restaurants, Caterer und sogar Ketten. Nicht nur die Gründung des Vegetarierbundes und das Restaurant »Pomona« künden davon, dass veggie schon früher in war, denn im Prinzip ist der Vegetarismus hier seit spätestens 1900 zu Hause, und die Lebensreformbewegung weckte das Interesse für natürliche und ökologische Lebensweisen. Im Jahr 1900 eröffnete in der Innenstadt ein vegetarisches Kauf- und Versandhaus, die Verkaufsstelle der Thalysia-Werke am Connewitzer Kreuz, die Reformprodukte herstellten und diese ebenfalls in anderen Städten vertrieben. Aus dem Hause Thalysia stammten auch Ernährungsratgeber, die neben Gesundheit und Natürlichkeit das Körperfett im Blick hatten. Es hat sich seitdem nicht so viel geändert: Der Städter spürt die Natur nicht mehr, bewegt sich zu wenig und fragt sich, was er eigentlich isst.

Die Frage danach, was auf dem Teller landet und welchen Weg es dahin nimmt, hat Anfang 2016 gleich zwei Leute bewogen, binnen weniger Wochen jeweils einen Unverpacktladen zu eröffnen. Sowohl in Schleußig als auch in der Südvorstadt lässt sich nun (fast) verpackungsfrei einkaufen. Die Kunden füllen sich die losen Waren in Gefäße ab, Mindesthaltbarkeitsdatum und Inhaltsstoffe müssen sie sich merken oder vom Regal abschreiben. Dafür haben sie weniger Müll und können selbst entscheiden, welche Mengen sie kaufen.

73

Reizloses Umland:

Warum es jetzt so attraktiv ist wie zuletzt in der Jungsteinzeit

Die Tagebaue in Leipzigs Südraum hinterließen Mondlandschaften, die auf die Stadt zuwuchsen. Später wurden die Bagger gestoppt, die Brachen hochgepäppelt, und so entsteht allmählich eine jetzt schon beachtliche Seenplatte, die erstmalig seit mehreren Jahrtausenden dafür sorgen dürfte, dass das Leipziger Umland attraktiv ist. Seit der Besiedlung nämlich ist die einst dicht bewaldete Auenlandschaft sukzessive einer Kulturlandschaft mit eintönigen Wiesen und Feldern im flachen Land gewichen, in der Bäume allenfalls Grundstücksgrenzen markieren und kleine Dörfer nicht für Auflockerung sorgen können, sondern die Ödniserfahrung nur verstärken.

Lange schon vor der Braunkohle beklagte man die Reizarmut der Leipziger Umgebung. Jean Paul schrieb nach seiner Ankunft als Student 1781: »… die herrliche Gegend – die Sie mir versprachen – die find' ich um Leipzig herum nicht. Überall ein ewiges Einerlei – keine Täler und Hügel.« Der Schriftsteller Hans

Reimann konstatierte 1929: »Ich habe mich oft gefragt, warum die Laibzjr so leidenschaftlich gern in der Welt herumreisen. Die Antwort ist sehr einfach: Weil es bei ihnen zu Hause so dürftig ist.« Und er empfahl Ausflüge, die sehr weit über die damaligen Stadtgrenzen hinausreichen, ins ungefähr 30 Kilometer entfernte Bad Dürrenberg etwa oder ins Saaletal bei Naumburg, das von Leipzig aus gesehen heute fast in Thüringen liegt. »Ich liebe das flache und das leicht gehügelte Land, doch ich kann mich nicht entschließen, die Umgebung Laibzjs zu preisen«, schließt Reimann.

Wohlgemerkt hat er da noch nicht die Landschaft des Braunkohleabbaus gekannt. Schriftsteller Erich Loest, der wusste, was Tagebau und rußige Luft bedeuten, notierte 1977: »Es gibt wenige Großstädte, deren nahe Umgebung sich für den Luft-, Wasser- und Sonnenhungrigen als so miserabel erweist.« Erst seit dem Ende der Kohleförderung Anfang der 1990er nimmt man das Rad und fährt in die Gegend, die so langsam diesen Namen auch verdient. Und mittlerweile lohnt sich auch das Boot.

Reudnitz:

Das Land, wo der Pfeffi wächst

Seit etwa 1995 wird prognostiziert, dass der Leipziger Osten kommt. Gemeint ist damit, dass Akademikerfamilien hinziehen, Gewerbe und Gastronomie sich entsprechend wandeln und die angestammten Einwohner wegziehen müssen. Bekommen hat

Reudnitz ein berüchtigtes Kaufland, die Rapper Kings of Petting betexteten es in ihrem Song *Reudnitz* schon vor ein paar Jahren: »Ich schlender durch K-Land / Und geb mir das Elend«. Hier reimt sich nicht nur »Elend« auf »K-Land«: »Hartz IV und Eiscreme / Vater mit dreizehn« heißt es im selben Song, der überspitzt das Reudnitzer Lebensgefühl – sorry, das Detroitnitzer natürlich – zwischen perspektivlosem Proletariat und dem kreativen Umgang damit beschreibt und das Bild einer krassen Ghettojugend bedient. »Dunkel, dreckig, Reudnitz« ist denn auch der Slogan, der als Graffiti die Straßen und den Lene-Voigt-Park ziert und in aller Munde geführt wird. Der herablassende Blick von außen hat Reudnitz eher vernachlässigt, und mit dem Slogan hat man sich trotzig damit eingerichtet, das ungeliebte Kind unter den Stadtteilen zu sein. Dieser Blick mag noch aus den Zeiten herrühren, als Reudnitz als Kohlgartendorf vor der Stadt die Bewohner mit Gemüse versorgte. Einige wenige Läden hielten jahrelang stur Angriffen und Bedrohungen durch Nazis stand, bis diese irgendwohin verschwanden. Ein paar mehr Cafés und Kneipen für ein eher studentisches Publikum gibt es mittlerweile, inzwischen kann man als Reudnitzer sogar gut ausgehen, ohne den Stadtteil zu verlassen. Es wird kein Zufall sein, dass der Lieferservice Call-a-Katerfrühstück aus dem Quartier mit dem meisten Humor kam.

Hierher haben es die Lifestyle-Scouts der internationalen Presse noch nicht geschafft und auch die Neu-Hipster, denen Plagwitz zu teuer ist, landen nach wie vor eher selten dort, wo sich Detroitnitz, Anger-Crottendorf (genannt »Anger-Danger«), Thonberg und Volksmarsdorf treffen. Ganz klar sind die Stadtteilgrenzen nicht, weil es hier nirgendwo so hübsch und aufgeräumt ist wie im Waldstraßenviertel oder in Gohlis-Süd. Dafür kommt auch niemand auf die Idee, das Abstellen von Fahrrädern an der Hauswand zu untersagen. Statt exotischer Feinkostläden gibt es Döner und Späti und der Spätverkauf hat Sterni, das nicht weit anreisen musste, schließlich liegt die Sternburg-Brauerei in Reudnitz. Ein weiteres wichtiges Getränk ist nicht etwa Club-Mate oder irgendein seltener handdestillierter Gin von einem hippen Eremiten aus dem Rothaargebirge, sondern Pfeffi. Pfefferminzlikör schmeckt wie Mundwasser, also gar nicht, macht aber trotzdem besoffen und wird in jeder Spelunke ausgeschenkt, die was auf sich hält. Und Spelunken hat Reudnitz durchaus zu bieten. »Die Welt kann stolz sein auf Reudnitz«, rappen Kings of Petting. Dem ist nichts hinzuzufügen.

Schladitzer See:
Vom Wassersportzentrum im Landkreis Nordsachsen

Im Landkreis Nordsachsen, ungefähr auf halber Strecke zwischen Delitzsch und Leipzig, liegen jene knapp 220 Hektar, die das Ergebnis einer nur kurzen Bergbaugeschichte bilden: Der Tagebau Breitenfeld wurde 1986 eröffnet, kurz nach der Wende auch schon wieder stillgelegt und dann geflutet. Seit 2008 ist der Schladitzer See ein Badesee, die sogenannte Schladitzer Bucht steht ganz im Zeichen des Wassersports. Das an dieser Stelle ebenfalls kolportierte Image ist wahrscheinlich den Seebetreibern zu verdanken, die den Activity-Aspekt stark in den Vordergrund stellen. Dem zum Trotz hat der See auch ruhige Ecken, wo es sich in aller Beschaulichkeit am Strand liegen lässt. Ab und an dröhnt ein Flugzeug direkt über die Badenden hinweg und erinnert daran, dass der Flughafen Leipzig/Halle nicht weit weg ist.

Richard-Wagner-Hain und Friedenspark:

Wenn Gartenkunst vom Weltkrieg überrascht und ein alter Friedhof zum Park umgestaltet wird

Von der Westseite des Richard-Wagner-Hains, dort, wo die Stufen von den Blumenterrassen direkt ins breite Elsterbecken führen, geht der Blick auf die Zeppelinbrücke und auf das gegenüberliegende Ufer mit seinen grünen Hängen und den neoklassizistischen Bauten der Sportfakultät. Der Hain war eigentlich nicht so sehr dafür gedacht, Abhängplatz und Joggingstrecke für die

Bevölkerung zu werden, und dass hier mal der Hörspielsommer stattfinden sollte, war schon gar nicht vorgesehen. Vielmehr sollte er die ehrwürdige Kulisse für ein Wagner-Denkmal bilden. Der hatte im Februar 1933 50. Todestag, und in diesem Jahr begann die Planung für die terrassenartige Parkanlage mit Ausrichtung auf den Platz am östlichen Ufer des nördlichen Teils, wo das Denkmal stehen sollte. Hitler ließ es sich damals nicht nehmen, 1934 den Grundstein zu legen, Ende der 1930er war alles fertig. Im Osten entstand eine Trockenmauer nebst Blumenrabatte, am westlichen Ufer ebenfalls ein terrassierter Blumengarten, hinzukamen eine Pergola und ein Springbrunnen.

Nur noch das Denkmal fehlte. Dessen Vollendung verzögerte sich materialbedingt, später konnte es wegen des Krieges nicht transportiert werden. Der Künstler Emil Hipp sah einen mit Reliefs versehenen Denkmalblock von 10 mal 10 mal 4,50 Metern Größe vor, dahinter eine steinerne Brunnenschale von 12 Metern Höhe. Den Platz sollte eine 2,80 Meter hohe und 430 Meter lange Mauer mit 19 Marmorreliefs aus Wagners Werk umschließen, geplant war auch eine Siegfried-Figur und ein Rheintöchter-Brunnen. Weil es zu Kriegszeiten Wichtigeres gab als Marmor zu besorgen – der immerhin auch in Nürnberg und Berlin gebraucht wurde –, war die Anlage erst 1944 fertiggestellt. Nach dem Krieg fremdelte die Stadt mit dem monumentalen Koloss und verzichtete ganz auf das Denkmal. Entsprechend wurde das Fundament entfernt, Teile der Anlage am Ostufer verschwanden in den 1950ern ebenfalls, als die Sporthochschule gebaut wurde. Bis heute sind dort die Trockenmauer und die Säulen der Gartenhalle erhalten.

Ein anderes Gelände, das ebenfalls für Freizeitaktivitäten genutzt wird und längst nicht mehr so aussieht wie einst geplant, ist der Friedenspark. Zu jeder Tageszeit sind Jogger und andere Sportler zu sichten, manchmal auch eine Gruppe Schwertkämpfer, die fechtend über die Wiese tanzt. Vor allem ist der Park grün und bietet ausreichend Rückzugsräume, sodass Aktiv- und Ruhezonen nicht miteinander kollidieren. An manchen Stellen wird sichtbar, dass der Friedenspark mal ein Friedhof war, am Nordportal zum Beispiel oder an den Klinkermauern im Osten mit ihren Inschriften. Auch die geraden, geometrisch angelegten Wege lassen ihre einstige Nutzung entlang von Grabstellen erahnen. Zwar sind die Grabsteine hier verschwunden, sie befinden sich aber noch immer auf dem Gelände: Sie bilden den Hügel, der im Winter als Rodelberg dient. Geschlossen wurde der Neue Johannisfriedhof 1970, nachdem er schon zwei Jahrzehnte lang stillgelegt war. Dort lagen Mitglieder der Familien Brockhaus, Reclam und Schreber, der Oberbürgermeister Tröndlin und die Frauenrechtlerinnen Schmidt und Otto-Peters. Bevor der 1886 eröffnete Südfriedhof zum Place to Rest wurde, hatte sich auf dem 1846 geweihten Areal das Leipziger Bürgertum um letzte Ruhestätten bemüht. 58 alte Grabmale oder deren Reste sind im Lapidarium des Alten Johannisfriedhofs am Grassimuseum zu besichtigen.

Erst 1983 – man hatte sich zwischendurch mit anderen Projekten verzettelt – wurde der Friedenspark eingeweiht. Drei kreative Spielplätze und etliche Skulpturen gibt es inzwischen dort. Nach 2001 entstanden der Apothekergarten und der Duft- und Tastgarten. Außerdem hat der Friedenspark zwei Gedenkorte, nämlich den »Gedenkort für die verstorbenen Kinder unserer Stadt« und den für jene Kinder, die, nachdem sie Euthanasieverbrechen zum Opfer gefallen waren, einfach auf dem Friedhof verscharrt wurden.

77

Ritter Knut:

Warum Knauthain, Knautkleeberg und Knautnaundorf so seltsame Namen haben

Die Weißenfelser Adelsfamilie Knut hatte es nicht nötig, sich »von Knut« zu nennen, denn ihr Status war bekannt. Auch Knutonen genannt, hatten sie einen ihrer Herrensitze in Knauthain. Dieses ist seit 1936 ein Leipziger Stadtteil; die Herrschaft der Knuts, die für das »Knaut« im Namen verantwortlich sind, nimmt sich allerdings wie ein Wimpernschlag in der Geschichte des Örtchens aus, wenn man betrachtet, wer da schon alles gesiedelt hat: Bei Grabungen hat man Hinterlassenschaften von der Eisenzeit bis zur Jungsteinzeit gefunden. Das »Hain« im Namen weist darauf hin, dass es sich um den Rodungsort eines Angehörigen der Knautfamilie handelt, vielleicht hat Ritter Knut hier also gerodet oder roden lassen. Ende des 18. Jahrhunderts ging der spätere Dichter Johann Gottfried Seume in Knauthain zur Schule, das war die Zeit, in der der Park eine Umgestaltung im damals modischen englischen Stil erhielt. Aus dem Rittergut war ein Schloss geworden. Von der Industrialisierung hat Knauthain lediglich die Wohnungsnot mitbekommen, in deren Folge in den Zwanzigern und Dreißigern wie im benachbarten Knautkleeberg Wohnungen und Siedlungen mit Kleinsthäusern entstanden.

Auch Knautkleeberg verdankt seinen Namen den Knuts. Hier wurden seit dem späten 19. Jahrhundert bis in die Dreißiger hinein neben Villen auch Mietshäuser gebaut. Das Dorf war ein gern genommenes Ausflugsziel mit mindestens sechs Gaststätten und dem 1920 eröffneten Fortunabad, das heute Lurche, Reptilien und Vögel als Biotop zu schätzen wissen. Das wiederum nicht weit gelegene Knautnaundorf ist 15 Kilometer von der Innenstadt entfernt. Entsprechend wurde auch erst 1999 daran gedacht, das »neue Dorf der Knuts« einzugemeinden. Hier steht mit dem Turm der Andreaskapelle einer der ältesten Bauten im Raum Leipzig, nämlich vom Ende des 11. Jahrhunderts. Der Tagebau Zwenkau machte Knautnaundorf zum späten Industriestandort, Betriebe aus den Tagebaugebieten siedelten hierher um. Deren Geschichte ging nach der Wende nur im Ausnahmefall glücklich weiter, im Ort erstarb die Infrastruktur. Immerhin haben die Knautnaundorfer nun nur wenige Hundert Meter Fußweg zum Westufer des Zwenkauer Sees.

78

Specks Hof, Kleiner Joachimsthal und Mädlerpassage:

Was die Messe mit den Passagen in der Innenstadt zu tun hat

5765 Passanten in der Stunde wurden im Frühjahr 2016 in der Petersstraße gezählt. Das ist weniger als in den Einkaufsmeilen von Köln, Hamburg, Berlin und München, sogar weniger als in Halle und Dresden, aber immerhin noch vor Osnabrück, Bremen oder Nürnberg und auch vor der Grimmaischen Straße. Vielleicht war während der dreistündigen Zählung in Leipzig einfach nur schlechtes Wetter.

Es ist auf verschiedenen Wegen möglich, zwischen Petersstraße und Grimmaischer Straße zu pendeln, die nicht gerade direkteste Möglichkeit bedeutet, durch verschiedene Passagen zu wandeln. Und genau dazu sind die zwei Dutzend Passagen gedacht, die in ihrer labyrinthhaften Verwinkeltheit einen Kontrast zu den Flaniermeilen unter freiem Himmel bieten, und noch dazu einige Läden, die eben nicht zu den in jeder Innenstadt zu findenden großen Ketten gehören – dafür wiederum wären dann eher die Peters- und die Grimmaische Straße die richtige Adresse.

Entstanden ist das Passagensystem aus alten Durchgangshöfen, die dem Handel dienten, als in der Innenstadt Messehäuser errichtet wurden. Man benötigte sie, weil sich die Leipziger Messe zur Mustermesse gewandelt hatte. Später wurden noch weitere Passagen extra gebaut, zum Beispiel die Brühl-Arkaden oder das Bauwenshaus am Burgplatz, die es erst seit den Neunzigern gibt, oder die Messehofpassage zwischen Petersstraße und Neumarkt, die nach dem Zweiten Weltkrieg entstand.

Die Leipziger Passagen gelten als einzigartig, nicht nur, weil es etwas Klandestines hat, eine Abkürzung zu benutzen, die nicht in der Karte verzeichnet ist, und sozusagen durch Häuser hindurchzulaufen. An der Mädler-Passage werden Touristen langgeführt, einerseits, weil sie so zentral liegt, andererseits, weil sie ein eindrückliches Beispiel dafür ist, mit welchem Prunk man in der Messestadt um sich werfen konnte. Draußen eine helle Sandsteinfassade, am Eingang zwei Sandsteinfiguren, die eine Vase und eine Weinflasche halten und darauf verweisen, dass hier Porzellan ausgestellt und Wein ausgeschenkt wurde. Hinter dem Eingang wird die Passage zu einer Halle, Treppenaufgänge führen in die weiteren Geschosse. Die hellen Wände und das durchgängige Glasdach besorgen Licht, am Ausgang Neumarkt befindet sich ein barockes Deckenfresko. Den Weinausschank gibt es übrigens immer noch. Er heißt »Auerbachs Keller« und ist noch ein Grund, weshalb Touristen hier vorbeikommen.

Als die älteste erhaltene Ladenpassage der Stadt gilt Specks Hof. Das Gebäude gehörte einst Maximillian Speck von Sternburg. Heute hat es drei Lichthöfe und eine Passage zum Hansahaus: Die Architektur enthält Pilaster, Erker und eine Balustrade, Figuren blicken herab und Kunstwerke arbeiten sich unter anderem an den Themen Messe und Konsum ab.

Auch die weniger bekannten Passagen wurden detailreich gestaltet. Die Fassade von Steibs Hof Richtung Nikolaistraße etwa hat barocke Elemente und Fenster mit geschickt angebrachten

Ecken, die das Sonnenlicht reflektieren. Reflektierend sind auch die Wände im Inneren: Sie holten etwas Tageslicht für die Pelzbeschau in die Höfe. Herr Steib hatte Geld und zeigte das auch. Verdankt hat er das Merkur, dem Gott des Handels, der folglich im Hof verewigt wurde. Gegenüber des Haupteingangs prangt ein blauer Hecht über dem Tor. Das ist die sachlicher ausgestattete Adresse – genannt Blauer Hecht –, die zur Reichsstraße führt. Stenzlers Hof wurde als Messepalast an die Petersstraße gesetzt, und nach Palast sehen die figürlich ausgeschmückten Fassaden auch aus. Drinnen lockern Reliefs mit mythologischen Figuren den Rundgang auf, und ein frühbarocker zweigeschossiger Erker aus dunklem Holz kontrastiert mit den hellen Wänden unter dem Glasdach. Ebenfalls helle Wände und ein Glasdach hat der Kleine Joachimsthal an der Fleischergasse. Draußen wurde Rochlitzer Porphyr für eine neobarocke Fassade verwendet. Auf der anderen Seite, an der Hainstraße, sieht sich der Durchgänger dem Großen Joachimsthal gegenüber. Der Große Joachimsthal kam zu seinem Namen, weil das Gebäude um 1500 Martin Bauer gehörte, der mit Silber aus Joachimsthal handelte. Hier entstand auch der Name »Taler« oder »Joachimsthaler« für die große Silbermünze. Gegenüber handelte Bauers Sohn mit Silber, sodass die Adresse zum Kleinen Joachimsthal wurde.

Silber, Porzellan und Wein gibt es in den Leipziger Passagen immer noch, außerdem Einrichtungsgegenstände, Blumen, handgemachte Pralinen, spanischen Schinken, Bücher, Cocktails und ambitionierte Küche, Spielzeug und Dessous, Tanzmusik und Kosmetik.

Sportmuseum:

Von Medizin- bällen, Turn- bewegung und der Sportstadt Leipzig

Medizinbälle verschiedener Generationen, die Geschichte des Arbeitersports und die Entwicklung der Turnfestbewegung sind nur einige Schwerpunkte im Sportmuseum auf dem Sportforum. Die Sportstadt und -stätte Leipzig kommt natürlich auch nicht zu kurz. Mit seinen ungefähr 95 000 Objekten unter dem Motto »Tränen und Triumphe« ist es eines der drei großen Sportmuseen neben Köln und Berlin. Die Objekte sind leider derzeit nicht zu besichtigen, eine Dauerausstellung gibt es nicht. Somit muss sich das Haus mit dem Sammeln, Bewahren und Erforschen zufriedengeben, das Vermitteln ist fürs Erste nicht möglich.

Dabei hat der Stadtrat schon 2007 beschlossen, das Gebäude zu sanieren und damit dem Vermitteln Räume zu geben, sodass zum Beispiel mal das Straßenrad von Radrennfahrer Täve Schur aus dem Jahr 1964 das Archiv verlassen könnte. Der Förderverein arbeitet daran und erweitert inzwischen die Sammlung. Unter den letzten Neuerwerbungen waren der Garderobenschrank für eine

Turnhalle aus der Zeit um 1900, die Jahrgänge 1914 bis 1918 der »Sächsischen Rad- und Motorradfahrerzeitung« und ein Brief, der das 3. Allgemeine Deutsche Turnfest in Leipzig 1863 beschreibt. 4000 Publikationen zur deutschen und regionalen Sportgeschichte seit dem 18. Jahrhundert können nach Anmeldung in der Bibliothek in Augenschein genommen werden.

80

Sportwunder:
Wo Olympia-hoffnungen entstehen und zerplatzen

Leipzig ist nicht nur Bachstadt, Musikstadt, Unistadt und Stadt der Kunst. Leipzig kann mehr als Schöngeistiges, zum Beispiel auch die Schönheit in der Bewegung feiern. In der Sportstadt Leipzig gründete ein Ernst Oswald Faber, selber begeisterter Turner, 1863 die erste Fabrik für Turngeräte. Der Arbeiterbildungsverein, der sich auch um den Arbeitersport kümmerte und als Gegenpol zu den bürgerlichen Turnervereinen fungierte, organisierte sich ab 1919 im reichsweiten Arbeiter-Turn- und -Sportbund, der unter anderem eigene Fußballnationalmeisterschaften ausrichtete. Bereits im Jahr 1900 war in Leipzig der Deutsche Fußballbund gegründet worden, und über die Geschichte des Leipziger Fußballs wurde schon viel geschrieben.

Heute sitzt eine von zwei Professuren für Sportphilosophie in Leipzig. Der Lehrstuhl geht unter anderem der Frage nach, welchen Beitrag der Sport zu einem gelungenen Leben leisten kann. Ganz praktisch gehen das die Jogger, Yogagruppen, Badmintonspieler und Slackliner an, die sich im Park beobachten lassen, auch unter den Kanuten auf dem Elsterbecken tummeln sich nicht nur Leipzigs Hoffnungen für Olympia.

Die DHfK, die Deutsche Hochschule für Körperkultur, ist heute die Sportfakultät der Uni auf dem Gelände des Sportforums, das unter anderem die Red-Bull-Arena, auch bekannt als Zentralstadion, beherbergt. Schon im 19. Jahrhundert war dort ein Zentrum für Freizeit und Sport, ab 1950 entstand die größte Sportstätte der DDR, die die 1925 an der Universität eingerichtete Sportprofessur – die erste Deutschlands – auf das Sportforum ziehen ließ. Es wurden Lehrer ausgebildet und der dazugehörige Sportklub SC DHfK holte so viele Olympia-Medaillen wie kein anderer weltweit.

»Hoffnung« und »Olympia« waren die beiden Worte, die regelmäßig in einem Satz gefallen sind, als sich Leipzig mitsamt eines Cello spielenden Oberbürgermeisters darum bewarb, 2012 Austragungsort für die Olympischen Spiele zu sein. Das wäre was geworden! Tatsächlich gibt es immer noch Leute in der Stadt, die bitter enttäuscht sind, dass London stattdessen den Zuschlag bekam. Der Olympiastützpunkt, natürlich am Sportforum gelegen, sorgt dafür, dass auch heute noch Medaillen nach Leipzig gebracht werden: Gold wurde zum Beispiel kürzlich im Paratriathlon, im Rudern sowie im Hundertmeterhürdenlauf und Bronze im Ringen geholt. Und der Breitensport blüht in Turnhallen, Vereinen, auf Tennis- und Golfplätzen und, wie gesagt, in jeder Parkanlage.

※

Störmthaler See:

Amphibisch nach Vineta

Der Störmthaler See ist durch den Tagebau Espenhain entstanden, und zwar durch Flutung seines südöstlichen Teils seit 2001. Seine maximale Tiefe beträgt 55 Meter, seine Fläche erstreckt sich auf 7,33 Quadratkilometern. Mit dem benachbarten Markkleeberger See verbindet ihn nicht nur die Herkunft aus dem gemeinsamen Tagebau. 2013 feierten beide »Seenhochzeit«, seitdem sind sie durch einen Kanal miteinander verbunden. Am See wird jeden August das Highfield-Festival mit inzwischen 35 000 Besuchern ausgerichtet.

Bevor die Bagger 1993 ihren Dienst einstellten, nahmen sie noch ein Stück des Ortes Störmthal mit, von dem der See seinen Namen erhalten hat. Nicht betroffen war Dreiskau-Muckern, das als entleertes Geisterdorf seines Schicksals geharrt hatte und seitdem wiederbelebt wurde. Einer der zahlreichen Orte, die nicht mehr vorhanden sind, ist das Dorf Göhren, das zwischen 1981 und 1982 Geschichte wurde. Der Ortsname lebt nun in der Bezeichnung »Göhrener Insel« weiter. Diese beherbergt ein Naturschutzgebiet und kann somit nicht betreten werden. Auf der Magdeborner Halbinsel – Magdeborn verschwand zwischen 1977 und 1980 – steht noch der Dispatcherturm mit Bistro und Picknickmöglichkeiten.

Um den Störmthaler See führt ein 23 Kilometer langer Uferrundweg. Mit dem Amphibienfahrzeug »Krysta«, einem DUKW-353 aus dem Jahr 1942, ist eine Tour zu Land wie zu Wasser möglich, auf dem Wasser gibt es weitere Fahrgastangebote.

Auch nicht ausgebildete Kapitäne können mit den sogenannten Mini-Amphis, achträdrigen Gefährten, selbstständig den See erkunden. Die Fahrt lohnt sich nicht zuletzt wegen Vineta. Dieser Bau ist eines der Projekte der Initiative »Kunst statt Kohle«, steht auf einer Betoninsel und ist Veranstaltungsgebäude wie externes Standesamt der Gemeinde Großpösna, auf deren Gelände der See liegt. Eine übersichtliche Schautafel zeigt, wo im Bereich der jetzigen Wasser- und Uferflächen Ortschaften für den Tagebau weichen mussten. Im zwischen Störmthaler und Markkleeberger See gelegenen Bergbautechnikpark – auch von der A38 aus weithin sichtbar dank eines riesigen Schaufelradbaggers und eines nicht minder auffälligen Bandabsetzers – lässt sich ein ganzer Förderzyklus nachvollziehen.

Straßenbahnmuseum:

Womit man früher übers Schienennetz fuhr

Die reichhaltigste Straßenbahnsammlung Deutschlands befindet sich im nördlichen Stadtteil Möckern, hier sind mit etwa 40 Wagen alle vertreten, die in der Stadt jemals im Einsatz waren. Nachdem die elektrische Straßenbahn die Pferdebahn abgelöst hatte, ging es richtig los mit den verschiedenen Typen, mit technischen Erneuerungen und Komforterweiterungen und mit einem dichten Streckennetz, das dem Umstand zu verdanken ist, dass zunächst zwei Gesellschaften, die »Roten« und die »Blauen«, miteinander konkurrierten. Die erste elektrische Strecke verband ab 1896 mit blauen Wagen die Stadtteile Connewitz und Gohlis.

Um 1900 schon umfasste das Netz 317 Kilometer Gleise und war das zweitgrößte nach Berlin. Die Roten fuhren auf Nebenstraßen, weil auf den Hauptstraßen die Blauen die Lizenz hatten. Auf diese Weise wurden viele Stadtteile gleichzeitig erschlossen und auch Parallelstraßen mit Schienensträngen versehen. Der Kampf um Linienverläufe und Strecken ging bis zur Vereinigung beider Gesellschaften in einem Betrieb der Stadt im Jahr 1919 weiter, die Streckenlänge reduzierte sich daraufhin erheblich. Nun mussten noch die Wagen technisch vereinheitlicht werden, Kupplungen umgerüstet und alle Wagen elfenbeinfarben lackiert werden. Ab 1969 kamen die heute so verpönten Tatrabahnen hinzu und schließlich die schnittig-silbrigen zwölfachsigen XXL-Fahrzeuge, die keine getrennten Wagen haben.

Das Museum im Straßenbahnhof betreibt die Arbeitsgemeinschaft Historische Nahverkehrsmittel e.V., und zwar ehrenamtlich. Viele der ausgestellten Wagen konnten nur deshalb gerettet werden, weil sie lange als Datschenersatz im Schrebergarten dienten. Da waren sie natürlich ziemlich hinüber und mussten in vielen Arbeitsstunden und mit viel Fachwissen restauriert werden. An bestimmten Tagen im Jahr bietet der Verein Fahrten durch Leipzig mit den historischen Fahrzeugen an, die quasi wieder wie neu sind.

✳

Südfriedhof:

Wo bekannte Namen, große Grabkunst und niedliche Eichhörnchen aus einem Friedhof einen Park machen

Auf dem größten Friedhof der Stadt wimmelt es von Prominenten. Zwischen den Gräbern und Gruften, die teilweise eher Kunstdenkmäler sind denn letzte Ruhestätten, flitzen Eichhörnchen entlang, die Wege verlaufen nicht schnurgerade und verschaffen der Anlage mitsamt ihren Bänken, den vielen Bäumen und den allgegenwärtigen Rhododendronbüschen ein parkähnliches Ambiente. Spätestens beim pfingstlichen Wave-Gotik-Treffen tummeln sich da auch ein paar schwarz gewandete Gestalten mit blass geschminkten Gesichtern und toupierten Haaren, die übrigens an diesem Wochenende überall in der Stadt unterwegs sind. Die Grufties sind nicht die einzigen, die den Friedhof nicht allein der Pietät und Grabpflege wegen ansteuern. Neben Spaziergängern und Gassigehern sind hier auch Biologen und Kunstgeschichtler auf Exkursion anzutreffen.

Ein kleines Denkmal wurde erst 1999 aufgestellt, nämlich das für Marinus van der Lubbe. Der Anarchist, der 1933 beschuldigt wurde, den Reichstag angezündet zu haben und vom Leipziger Reichsgericht deshalb zum Tode verurteilt wurde, liegt anonym auf dem Südfriedhof. Als heldenhaft gefeiert wird das Sterben der Soldaten im Ersten Weltkrieg, und der Sozialistische Ehrenhain, der nach 1945 zum Gedenken an Widerstandskämpfer und die KZ-Insassen in Abtnaundorf eingerichtet wurde, verwandelte sich bald in einen Ruhmesort für diejenigen, die die SED als dafür würdig erachtete. Ums Repräsentieren geht es unübersehbar bei den Grabstätten des Bürgertums um die Wende vom 19. zum 20. Jahrhundert. Neben den Verlegern Hermann Julius Meyer (der mit den Meyerschen Häusern) und Karl Baedecker oder Oberbürgermeister Otto Georgi liegen hier die Architekten Karl Rothe, Hugo Licht und Max Pommer, die Musikverleger Max Abraham und Henri Hinrichsen, die Gewandhauskapellmeister Carl Reinecke, Arthur Nikisch und Franz Konwitschny, die Thomaskantoren Günther Ramin und Erhard Mauersberger und die Schriftsteller und Dichter Christian Fürchtegott Gellert, Lene Voigt und Georg Maurer. Die Grabstätten sind teilweise prunkhaft verziert, von Engeln oder trauernden Menschen bewacht oder einfach nur in verspieltem Jugendstil gehalten. Auch jüngere Namen, die die Stadt berühmt machten, sind zu finden, darunter die Maler Werner Tübke und Wolfgang Mattheuer oder der Musiker Klaus Renft.

Superlative:

Von steilen Dächern, langen Inschriften, Moosforschung und dem ersten Eisenpflug

Die größte zeitgenössische Deckenmalerei Europas befindet sich in Leipzig. Wer jetzt nicht schwer beeindruckt ist, dem ist auch nicht zu helfen. Vielleicht kommt er oder sie am besten mal vorbei und schaut sich selbst den *Gesang vom Leben* von Sighard Gille im Gewandhaus an, gern auch von draußen, abends, wenn es dunkel ist und drinnen beleuchtet. Auf dem Weg zum Gewandhaus lässt sich darüber sinnieren, ob es außerhalb Europas größere Deckengemälde gibt und wo in Europa vergleichbare Gemälde anderer Epochen hängen. Tageslicht braucht, wer sich für die Inschrift am Alten Rathaus interessiert. Um sie zu lesen, muss man

drum herum laufen. Die längste Gebäudeinschrift Europas oder
der Welt – darüber herrscht keine Einigkeit – lobpreist mehrere
weltliche Herrscher und Gott höchstselbst. Dreht man sich vorm
Alten Rathaus stehend um, blickt man auf die Thomaskirche und
ihr Dach, das mit 63° den spitzesten Neigungswinkel Deutschlands hat. Man fragt sich, wer durch die Lande reist, um so was
nachzumessen und welchen Beruf derjenige ausübt. Ähnlich ist
es mit der Kanalisation. Jemand will herausgefunden haben, dass
das Leipziger Abwassernetz das längste in Europa ist.

In so einigen Dingen war die Stadt Leipzig die Erste.
Zum Beispiel hat sich hier 1904 die erste buddhistische Religionsgemeinschaft außerhalb Asiens gegründet. 1870 gab es im
Rosental den ersten öffentlichen Kindergarten und 1891 die erste Kinderklinik, 1897 nahmen 18 Leute am ersten Marathonlauf
von Paunsdorf nach Bennewitz teil, 1901 gab es in Leipzig den
ersten Kabelkran und 1903 mit dem VfB den ersten Deutschen
Fußballmeister. Schon 1874 verfasste die Sozialreformerin und
Stadtplanerin Adelheid von Poninska das erste Handbuch zum
Städtebau, wenn auch unter dem Pseudonym Arminius. 2005 erst
kam die erste Hundewaschanlage zum Einsatz. Da gab es schon die
weltweit größte Menschenaffenanlage im Zoo. Sie dient gleichzeitig dem Max-Planck-Institut für Evolutionäre Anthropologie
zur Forschung. Johann Heinrich Zedlers *Universal-Lexikon* war
die größte Enzyklopädie des 18. Jahrhunderts. Es kommt auf 68
Bände plus vier Anhänge und enthält 284 000 alphabetisch geordnete Artikel. Im 18. Jahrhundert war es auch, als der Arzt und
Botaniker Johannes Hedwig die Moosforschung begründete. Mehr
als 300 Jahre hat es gedauert, bis dem ersten meteorologischen
Lehrbuch (1507) die erste Wetterkarte folgte (1827).

Und überhaupt, Leipzig, deine Erfindungen: 1718 erfand
der Ingenieur Jacob Leupold in Leipzig die Fuhrmannswaage,
die Miltitzer Werke Schimmel & Co. produzierten im 19. Jahrhundert das erste künstliche Blütenöl – allerdings war Miltitz da
noch kein Stadtteil von Leipzig. Rudolph Sack stellte 1850 den
ersten Pflug aus Eisen und Stahl her, bald handelte er damit. 1863
gründete er in Plagwitz eine Landmaschinenfabrik und schaffte
es somit vom Bauernsohn zum Fabrikanten.

85

Szeneviertel:

Yuppies, Punks, Touristen in Connewitz und Südvorstadt

Bis in die Nullerjahre waren Südvorstadt und Connewitz begehrte Viertel für Studenten. Danach wurde es dort voll, und seither sinkt der Studierendenanteil in den fertig entwickelten Kiezen. Fertig entwickelt heißt lediglich, dass man ungefähr weiß, was man kriegt.

Mancher kriegt einfach nur Wut. Die Weißglut entsteht angesichts der Tatsache, dass es am Südplatz, dem Hotspot der Südvorstadt, Kneipen gibt, in denen aus dem Umland angereiste Menschen sitzen, die sorgfältig frisiert einen Erdbeer-Daiquiri trinken. Es sorgt bereits für Missfallen, dass der Erdbeer-Daiquiri überhaupt im Angebot ist. Natürlich gibt es jede Menge andere Kneipen in der Südvorstadt, in denen das Feierabendbier ohne auffällige Fremde eingenommen werden kann. Die Wehmut, mit der konstatiert wird, wie schlimm alles geworden ist (siehe die hohen Mieten), macht einseitig. Es wohnen auch Assis und Arme hinter den sanierten Fassaden oder Leute, die morgens um neun Uhr schon mit dem Sterni im Anschlag in der Grünanlage sitzen. Und nicht jeder, der wie ein Yuppie aussieht, ist auch einer. Wer die Stirn in Falten legt und sein Milieu bedroht sieht, wenn pensionierte Lehrerinnen in Northface-Jacken im Connewitzer Werk II aufgeregt nach »der Szene« suchen, von der sie im Reiseführer gelesen haben, mag sich im Recht fühlen. Aber die Jagd nach dem Lebensgefühl der beiden Stadtteile, die mit »Süden« zusammengefasst werden, kann natürlich nicht klappen, und deswegen bleibt der Süden auch, was er ist. Aus der »Frau Krause« oder dem »Kickers« stolpern diese Lehrerinnen nämlich genauso schnell rückwärts wieder raus, wie sie reingegangen sind, und die Clubs in Kellern und Hinterhäusern finden sie sowieso nie. Außerdem können sie mit Getränken wie Pfeffi oder Gisela kaum was anfangen. Die echten Punker mit nicht angeleinten Hunden haben sie vielleicht schon auf der Straße gesehen, was sie von den Omis mit Rollatoren und den Familien abgelenkt hat. Die leben nämlich tatsächlich auch hier. Den Leuten mit den nicht mehr ganz so frischen Gesichtern sind sie vielleicht ebenfalls begegnet, die schon in den frühen Neunzigern dabei waren, als es noch Schlachten mit Nazis (und ohne Polizei) gab, als die Hausbesetzungen legalisiert wurden und als noch keine Kleinfamilien auf die Idee kamen, sich ein Stadthaus ins, nun ja, Szeneviertel zu setzen.

Das »Killiwilly« mag da mehr Komfortzone für Touristen bieten, aber spätestens um Mitternacht sind auch hier die coolen Kids wieder unter sich. All das Gejammer über die Veränderung aka Gentrifizierung relativiert sich, wenn man betrachtet, dass das Wörtchen »Vielfalt« in den beiden südlichen Vierteln nicht nur eine angestrengte Behauptung aus der Werbesprache ist, sondern einfach gemacht wird, und zwar in Gastronomie, Einzelhandel und Kultur. Und es gibt Orte, die es dem Gentrifizierungsgejammer zufolge gar nicht geben dürfte, die sich aber perfekt einfügen. Wo Leute, die man für Studenten hält, genau deswegen bepöbelt werden, und die sich trotzdem noch ein Bier holen, weil sie sich angekommen fühlen. Wo Retro nicht aus Retrogründen entsteht, sondern aus purer Lieblosigkeit, aber sich inmitten dieser Lieblosigkeit alle – Bauarbeiter, Studenten, Arbeitslose, Grafikdesigner – zu einem billigen Mittagessen mit Zigarette versammeln. Allen Gentrifizierungsvorwürfen zum Trotz können Nazis immer noch nicht einfach so durch die Südvorstadt spazieren. Das mag nicht immer so spektakulär aussehen wie auf den wirkungsvollen Bildern von brennenden Mülltonnen, diese stricken aber am Mythos Connewitz, in dem angeblich nur linke Chaoten leben. Als Beweis für die Gefährlichkeit des Viertels gilt der dort vor Kurzem extra eingerichtete Polizeiposten: Die werden schon wissen, warum er notwendig wurde. Warum er notwendig wurde, weiß allerdings keiner so richtig, denn die Kriminalität in Connewitz bewegt sich im Stadtvergleich im unteren Mittel.

86

Tanz:

Bretter mit zeitgenössischer Bewegungskunst

Der Name ist eigentlich nicht mehr ganz aktuell: Lofft ist die Abkürzung für Leipziger Off-Theater, aber so richtig off ist das öffentlich geförderte Haus nicht, wenn es auch kein städtischer Betrieb ist. Der Name in der Kurzform hat sich verselbstständigt. Seit der Gründung 1991 will der nicht profitorientierte Verein das freie Theater in Leipzig fördern und außerdem die künstlerische Auseinandersetzung unter den Machern sowie zwischen ihnen und dem Publikum. Die freie Tanzszene in Leipzig ist so lebendig wie kurzlebig, denn es gibt nicht viele Studios zum Trainieren, und eine Ausbildungsstätte gibt es auch nicht. Das Lofft ist seit 1999 am Lindenauer Markt die freie Produktionsstätte und Bühne für Tanz und Theater. Ohne eigenes Ensemble kooperiert es mit Gruppen und Bühnen, wurde entsprechend auch schon Produktionszentrum genannt. In dieses Zentrum kommen Gastspiele aus der ganzen Republik und darüber hinaus. Um die gastierenden Tanzproduktionen herum wird gern ein Rahmenprogramm gestrickt, das Workshops oder Publikumsgespräche enthalten kann. Gezeigt werden Tanz, Theater und Performance, alles zu überschreiben mit zeitgenössisch, das Theater gerne auch mit post-dramatisch. Das ist frei, aber professionell. In diesem Sinne gestaltet sich die Nachwuchsförderung: Die vergünstigten oder gar kostenlosen Qualifizierungen reichen von Projektmanagement über Choreografie bis zu einer Mentorenschaft. Nachwuchskünstler können sich mit experimentellen Arbeiten ausprobieren, Feedback vom Publikum inklusive. Mit der Plattform erhalten Künstler zudem vergünstigten Zugang zur Lofft-Infrastruktur und gleichzeitig die Möglichkeit, sich zu präsentieren. Seit 2007 gibt es mit der Tanzoffensive ein zweijährliches Festival für zeitgenössischen Tanz. Das Haus ist zudem bei Off Europa mit im Boot, dem Festival, das jedes Jahr darstellende Kunst von den Rändern Europas zeigt, und natürlich bei der Euro-Scene, die seit 1991 jeden November zeitgenössisches Theater und Tanz aus ganz Europa nach Leipzig holt.

Ein weiterer Kooperationspartner ist das Leipziger Tanztheater (LTT), sichtbar wird dies zum Beispiel bei den Leipziger Tanztheaterwochen. Während der 1967 gegründete Vorläufer Theater der Poesie noch eine Company hatte, gibt es mittlerweile drei Ensembles mit Kindern, Jugendlichen und erwachsenen semiprofessionellen Tänzern. Unter der künstlerischen Leitung der Choreografin Irina Pauls unterrichten Tanzpädagogen und Choreografen und erarbeiten abendfüllende Produktionen, die nicht nur in Leipzig, sondern auch überregional und im Ausland gezeigt werden. Auch das LTT ist um Förderung und Gegenseitigkeit bemüht: Mit dem Bereich »!mehrTANZ« sollen Menschen aus dem Tanz in Leipzig und Umgebung unterstützt und der künstlerische Austausch zwischen ihnen angekurbelt werden.

Da das LTT wie das Lofft an seine räumlichen Grenzen stößt, während die Nachfrage nach einer Tanzausbildung ungebrochen scheint, haben beide ein großes Interesse daran, dass der Stadtratsbeschluss umgesetzt wird, demzufolge die Halle 7 auf dem Spinnereigelände zum Theaterzentrum ausgebaut werden soll: from cotton to culture to contemporary performing arts.

U-Bahn:

Richtige Städte haben eine U-Bahn, Leipzig einen sehr teuren Citytunnel

Schon beim Bau des Leipziger Hauptbahnhofs 1913 dachte man an einen U-Bahn-Schacht. Eröffnet wurde die Leipziger U-Bahn dann tatsächlich hundert Jahre später, es sagt nur niemand »U-Bahn«. Der Bau des 5,3 Kilometer langen Tunnels unter der Stadt hindurch dauerte zehn statt der veranschlagten sechs Jahre, die Kosten verdoppelten sich nahezu und beliefen sich am Ende auf eine knappe Milliarde. Somit hatte der Citytunnel genug Gelegenheit, in aller Munde Gegenstand des Spotts zu werden, und vielleicht auch deshalb sagt man heute tatsächlich: »Ich fahre mit dem Citytunnel«. Lange Zeit schien es den Leipzigern nicht vorstellbar, dieses teure Ding zu nutzen, das so unnütz schien: Wer vom Bayrischen Bahnhof zum Hauptbahnhof will, kann das per Bahn, Fahrrad und Auto oder auch einfach laufen – es ist kein weiter Weg. Mit der U-Bahn durch den Citytunnel liegen die Stationen Wilhelm-Leuschner-Platz und Markt dazwischen, und aus der Innenperspektive des Großstädters fühlt sich das überhaupt nicht notwendig an.

Der eigentliche Gewinn des Tunnels wurde erst durch seine Anbindung anschaulich. Seinetwegen müssen die Züge des S-Bahn-Netzes nicht mehr den Umweg über den Kopfbahnhof Hauptbahnhof nehmen, die Verbindungen sind schneller und die Metropolregion Mitteldeutschland rückt enger zusammen. Das heißt nicht nur, dass Leute aus Altenburg, Hoyerswerda oder Dessau schneller in Leipzig sind. Die Leipziger sind ebenfalls schneller dort und können sogar ihr Fahrrad mitnehmen. Und wenn im Sommer nach Eisenbahn riechende kühle Luft aus den U-Bahn-Schächten nach oben dringt, kann man sich kurz wie in einer richtigen Großstadt fühlen.

88

Umweltforschungszentrum:

Wo Stadt, Mensch, Natur und Klima erkundet werden

Das Umweltforschungszentrum (UFZ) macht so viele verschiedene Sachen, dass man sich wundert, wie klein das Gelände ist, auf dem es liegt – und es ist dort nicht mal allein. In der Abteilung Systemtoxikologie zum Beispiel denken sie darüber nach, inwiefern mit Pestiziden belastetes Wasser die Artenvielfalt minimiert. Die Abteilung Stadt- und Umweltsoziologie erforscht unter anderem, was es mit dem Städter macht, wenn er lebendiges Grün sieht und wie sich die Brachflächen in der Stadt entwickeln. Andere wiederum schauen sich Böden und deren Beschaffenheit oder die Klimaentwicklung an, tüfteln an umweltverträglichem Abfall, an Landnutzung und erneuerbaren Energien, fragen sich, wie die Lebensbedingungen von Tieren verbessert werden können, was ein Wald für die Gesellschaft leistet und wie Pflanzen, Tiere und Menschen in der Stadt am besten zusammen bestehen können.

Biologische Vielfalt, funktionierende Ökosysteme, sauberes Wasser und intakte Böden sind die Existenzgrundlage für den Menschen, und Gesellschaften müssen nicht nur miteinander, sondern auch mit der Umwelt zusammenleben, ohne sich dieser Existenzgrundlage zu berauben. Deshalb bleiben die Forschungsergebnisse der Permoserstraße auch nicht im Archiv und kommen im praktischen Leben zum Einsatz. Bei öffentlichen Veranstaltungen erhalten Laien einen Einblick in die Arbeitsfelder, das Schülerlabor und der Kinderumweltbus wenden sich an die Forscher von morgen.

1991 wurde das UFZ gegründet. Zu der Zeit begann der Exodus aus Leipzig, bald wurde die Stadt in den Reigen der schrumpfenden Kommunen gestellt. Ab 2000 setzte wieder ein gemächliches Wachstum ein. Inzwischen kann sich Leipzig das Label »am schnellsten wachsende Stadt Deutschlands« an die Brust pinnen. Deshalb sagte der UFZ-Soziologe Dieter Rink schon 2014 der »Leipziger Volkszeitung«: »Ich wage momentan keine Prognose mehr abzugeben.«

89

Uniriese, Wackelturm, Bistumshöhe:
Von Aussicht und Schwindelfreiheit

Keine Reiserubrik, keine Besichtigungsempfehlung kommt ohne Aussicht aus. Allüberall hört und liest der interessierte Reisende, dass er irgendwo hochklettern soll, um von dort runterzugucken, »die Aussicht zu genießen«, »den Blick schweifen« zu lassen. Und das kann man auch in Leipzig machen. Die Tieflandbucht erlaubt eine weite Sicht, Landmarken wie der Brocken oder Höhenzüge wie das Elbsandsteingebirge sind freilich nicht zu erspähen.

Vom Uniriesen gibt es einen (fast) allumfassenden Blick über die Stadt und Teile ihres Umlandes aus 120 Metern Höhe, und das zu beinahe jeder Tageszeit. Ein Fahrstuhl führt zur Aussichtsplattform, die letzten Meter sind per Treppe zu bewältigen. Das markante und weithin sichtbare Hochhaus am Augustusplatz zwischen Gewandhaus, Uni und Moritzbastei hat viele Namen: City-Hochhaus, Uniriese, MDR-Turm. Als es 1972 fertiggestellt und Teil des Uni-Campus wurde, war es mit 142,50 Metern das höchste Gebäude Deutschlands. In dieser Zeit hat es seine Spitznamen »Weisheitszahn« und »Professorenrutsche« erhalten: Angeblich erinnert die Bauform mit nach innen gewölbten Längsseiten und der darüber ragenden schmalen Seite an ein aufgeschlagenes Buch. Im Buch sitzen inzwischen u.a. der MDR-Klangkörper und die Europäische Strom- und Energiebörse. Seine Längsseite ist übrigens dafür verantwortlich, dass der Panoramablick im Osten eine kleine Unterbrechung erhält. Um Durchblick in den Überblick zu bringen, sollte ein Ortskundiger mitkommen, der die ganzen Straßenzüge, Kirchtürme und Schornsteine auseinanderzuhalten weiß.

Eine direkt verschobene Perspektive auf die Stadt eröffnet sich vom Turm der Bistumshöhe am Westufer des Cospudener Sees. Am Horizont reihen sich die höheren Gebäude auf, ihre Anordnung wirkt in der Entfernung falsch, liegt das »Westin«-Hotel doch nah am Neuen Rathaus und dieses weit entfernt vom Uniturm. Hier hoch führt kein Fahrstuhl, sondern eine Treppe, die niemals verheimlicht, dass man einen Turm besteigt. Entsprechend hat schon so mancher den Aufstieg begonnen, aber schnell wieder abgebrochen. Aussicht ist glücklicherweise auch am Fuß der Holzkonstruktion aus sibirischer Lärche möglich, die auf einem Hügel steht und in ihrer Bauweise an die Schlote erinnern soll, die die Tagebauregion südlich der Stadt prägten.

Eine größere Herausforderung ist der Wackelturm im Rosental, der seinen Namen nicht zum Spaß trägt. Zwischen Parthe und Grillplatz in der Nähe des Marienwegs hat die größte Wiese der Stadt ihren etwas verborgenen Attraktionspunkt, der im Zickzack über Treppen nach oben führt, wenigstens gibt es überall Geländer. Zwanzig Meter hoch ist der Turm, der dem Holzturm von Hugo Licht aus dem Jahr 1896 nachfolgte, der 1943 abgebrannt war. 1975 wurde der Bau aus Stahl und Beton errichtet. Es gehört irgendwie in den Leipziger Erfahrungsschatz, einmal dem Wackeln nicht nur von unten zugesehen, sondern sich auch wirklich mal hoch gewagt zu haben.

Verlagsstadt:

Von der Geschäftigkeit früherer Zeiten

Das Jahr 1990 war östlich der deutsch-deutschen Grenze in vielerlei Hinsicht das Jahr von Aufbruch und Visionen. Was die Leipziger Verlags- und Druckereibranche angeht, stand es ganz im Zeichen von Verlagsgründungen. Das schien nahezuliegen, handelte es sich bei der Stadt immerhin um die Buchstadt Leipzig. Vor dem Mauerfall waren in der Stadt 40 Verlage ansässig, immerhin fast die Hälfte der DDR-Verlage, deren neue Situation in der Welt der Marktwirtschaft und angesichts der Westkonkurrenz nicht gerade vorteilhaft war. Insofern verwundert es nicht, dass sich nicht viele Verlage in die neue Zeit retten konnten. Von den 1990 gegründeten gibt es dagegen noch ein paar, und inzwischen hat

Leipzig doppelt so viele Verlage wie 1989. Einer von ihnen ist der Passage-Verlag, den der Künstler Thomas Liebscher im Februar 1990 gründete. Noch früher dran war Reiner Militzke, dessen Versuche zur Verlagsgründung schon 1984 begonnen hatten und am 6. Januar 1990 endlich Wirklichkeit wurden.

Im März entstand Peter Hinkes Connewitzer Verlagsbuchhandlung, und zwar in der damals Fritz-Austel-Straße genannten Bornaischen Straße in Connewitz. 1992 kam es zum Stammsitz in der innerstädtischen Messehofpassage, später eröffnete südlich des Rings im Petersteinweg die Buchhandlung Wörtersee. Von Anfang an hat der Verlag lokale Autoren und Themen herausgegeben, die sich in so manchem Leipziger Haushalt finden, sei es ein Lyrikband oder *Haare auf Krawall*, ein Sammelband zu Leipziger Subkulturen zwischen 1980 und 1991. Die Stiftung Buchkunst und andere haben den gestalterischen Anspruch der Connewitzer mehrfach mit Preisen und Prämierungen bedacht.

Das Büchermachen wurde seit Gutenbergs Erfindung von Leipzig aus mitbestimmt, und Anfang des 17. Jahrhunderts war Leipzig *die* Verlagsstadt schlechthin, ein Titel, der nach 1945 an Frankfurt/Main ging. Schon um 1500 waren elf Druckereien in der Stadt beheimatet, der erste Buchdruck fand 1481 statt, es handelte sich um eine astrologische Wahrsageschrift. In der Mitte des 18. Jahrhunderts belief sich die Zahl der in Leipzig ansässigen Verlage auf über 50, die Ostermesse zeigte mehr als 200 000 Bücher. Noch heute berühmte Verlage wie Reclam, Insel, Seemann oder C. F. Peter begannen in Leipzig. Zu Beginn des 20. Jahrhunderts lebte ein Zehntel der Leipziger vom Verlags- und Druckereiwesen. Mit innovativen Drucktechniken konnten die Musikverlage die Konkurrenz ausstechen, Christian Bernhard Tauchnitz war Ende des 19. Jahrhunderts der erste Verleger, der mit Stereotypieplatten druckte, im ersten Drittel desselben Jahrhunderts setzte der Brockhaus-Verlag zur Buchherstellung die erste Schnellpresse ein, später war er der Erste, der zum Offsetdruck überging. Ab 1890 wurden Ansichtskarten mittels Lichtdruck hergestellt.

Das Ende der Verlagsherrlichkeit läutete am 13. Februar 1933 der Präsident der Akademie der Künste ein, als er im Gewandhaus unter anderem vor Hitler die Devise ausgab: »Damit

Neues entsteht, muss Altes zurückgegeben werden im ewigen Vernichtungs- und Auferstehungskampf.« Die Reichsschrifttumskammer spielte ihre Rolle in diesem ewigen Gekämpfe und schloss Buchhändler wie Verleger aus. Sogenannte Judenlisten kündeten davon, wer für die Vernichtung vorgesehen war. Während des Zweiten Weltkriegs konnten die kriegswichtigen Verlage und Druckereien sowieso nicht machen, was sie wollten, zudem gab es viele Zerstörungen. Die verbliebenen Verleger verließen nach Kriegsende überwiegend die Stadt. Das hatte wirtschaftliche Gründe oder lag in den Zweifeln begründet, ob sich in der Sowjetischen Besatzungszone würde wieder ein Verlag aufbauen lassen.

91

Völkerschlachtdenkmal:

Ein düsterer Klotz erinnert an das erste große Massen- schlachten

Die flache Landschaft um Leipzig schien gut geeignet, Armeen aufeinander zu hetzen. Die monströseste der Schlachten war die Völkerschlacht. Im Oktober 1813 kostete sie nach drei Tagen hundertzwanzigtausend Soldaten und viele Zivilisten das Leben, während Napoleon längst die Flucht Richtung Waterloo angetreten hatte. Noch Jahre später lagen Menschenteile in der Gegend rum in einer hiesigen Fabrik wurde aus den Leichen Seife und Dünger. Jedes Jahr treffen sich in Markkleeberg Anhänger des Reenactments und stellen das historische Gefecht in originalgetreuen Uniformen nach, zum Jubiläum 2013 wurde das ganz groß aufgezogen mit Bierwagen und Würstchenstand und Riesenstaus auf sämtlichen Wegen südlich von Leipzig.

Hundert Jahre davor, also zum Hundertjährigen, hatte man in Probstheida ein mit Beuchaer Granitporphyr verkleidetes Betondenkmal gesetzt. Der Koloss von 91 Metern war als Nationalsymbol gedacht und ist eines der größten Denkmäler Europas. Die Hünen in der Ruhmeshalle lassen kaum an die Freiheit denken, die hier mancher spüren will. Die 9,50 Meter hohen Statuen symbolisieren die deutschen Tugenden Tapferkeit, Glaubensstärke, Volkskraft und Opferbereitschaft, die sich während der Befreiungskriege gezeigt hätten. Der Schriftsteller Erich Loest fand das Völkerschlachtdenkmal »würdig, ein moralisches Zentrum unserer Bundesrepublik Deutschland zu werden«. Er wollte nichts in Richtung »Machtstolz, Siegesrausch und nationalistischem Überschwang« erkennen und beschied: »Trotz seiner Wucht wirkt es nicht frei von Demut.« Sein Kollege Hans Reimann war da skeptischer. »Man muss es gesehen haben«, notierte er 1929, »um als rechtschaffener Deutscher daran zu denken, dass es an Tuberkulosenheimen und Invalidenspitalen und etlichen anderen sozialen Einrichtungen mangelt, für die kein Geld da ist.«

Auch der Feind von damals konnte am Vorabend des Ersten Weltkriegs keine erhebenden Gefühle in sich entdecken, zumal er erfahren hatte, dass der Hügel unter dem Denkmal extra aufgeschüttet wurde. Ein französischer Kommentator schrieb: Es »erhebt sich auf einem breiten künstlichen Hügel, gemacht aus Müll, einer unvorstellbaren Anzahl von Glas- und Porzellanscherben, alten Konservendosen in unterschiedlichster Größe und Form, von Kloschüsseln …, kaputten Töpfen und Küchengeschirr, das eine Armee von Küchenjungen im Streik dort zurückgelassen haben scheint. Von diesem Müllberg steigen faulige Düfte auf.« Gerade Kinder verbinden mit dem Besuch des Denkmals und mit dem

Aufstieg zur Aussichtsplattform über 500 Stufen in engen, sich nach oben windenden Röhren noch als Erwachsene Schrecken und Angst, die so sehr nachhallen, dass sie keinen weiteren Besuch wünschen. Ihnen pflegen auch die Hünen nicht zu behagen.

»Schreckensdenkmal« war das Wort, das der Dresdner Dichter Thomas Rosenlöcher in diesem Sinne fand – und: »Patriotische Erinnerungsarbeit«. »Und als wäre dieses Hauptwerk von Professor Schmitz nicht einmal auf der Welt genug, erscheint es ein zweites Mal in einem Wasserbecken davor.« Dieses Wasserbecken hatte besagter Bruno Schmitz, der schon mit dem Kyffhäuserdenkmal imperialistische Träume in Stein gesetzt hatte, als »See der Tränen« angelegt. Das Bassin war jahrelang Austragungsort des Badewannenrennens, das die Kneipe und Kulturzentrum »Nato« seit 1992 veranstaltet hatte. Angetreten wurde mit selbst gebauten Booten, Preise gab es somit für die gefahrene Zeit und auch fürs Design. Das war nicht nur fröhlich, sondern komplett friedlich und ohne jeden Gedanken an Demut und Deutschland. Trotzdem oder dennoch war das Rennen einigen Leipzigern ein Dorn im Auge, die die Würde des Ortes angegriffen sahen. Das sind wahrscheinlich dieselben, die sich in Leserbriefen an die »Leipziger Volkszeitung« über die Bezeichnung »Völki« echauffieren.

92

Volkshain Stünz:

Wie Bürger-engagement das Garten-denkmal wieder-erweckte

Stünz ist nicht gerade der Stadtteil, auf den die Beschreibungen »urban« und »quirlig« passen. Zum Feierabend an einem Wochentag ist es hier ziemlich ruhig, es kläfft vielleicht mal kurz ein Hund, Anwohner schauen in ihren Gärten nach dem Rechten. Mit Schaufel, Harke und anderem Gerät haben einige von ihnen vor ein paar Jahren den Volkshain Stünz um die Ecke hergerichtet. Der Bürgerverein Sellerhausen-Stünz arbeitet seit einiger Zeit mit der Stiftung Bürger für Leipzig, mit der Stadtverwaltung und Landschaftsarchitekten zusammen, um hier Parkpflegeseminare zu veranstalten. Das war kein bloß wegen der Betätigung an der frischen Luft gewähltes Hobby, sondern der Stünzer Park hatte das bitter nötig. So wurde 2012 sein Teich freigelegt, und seitdem ist auch der Apelstein nördlich davon wieder sichtbar, der den Beginn einer grünen Sichtachse nach Mölkau bildet. 2013 grenzte man im südlichen Teil unter anderem Wege ab, drängte Sträucher zurück und entfernte Unkraut.

Auf die Weise wurde zum Beispiel der Bereich um den Spielplatz den Vorgaben der Denkmalpflege angepasst. 1898 nach Plänen des städtischen Gartendirektors Otto Carl Wittenberg als »Volkshain« angelegt, sind nach jahrzehntelanger Vernachlässigung die Gehölze auf dem knapp 13 Hektar großen Areal gewuchert. Damit war das Gartendenkmal selber bedroht. Wittenberg hatte sich an England orientiert und weite Rasenflächen geplant, auf denen die Leute spielen konnten, und zwar kleine wie große. Als erster großer Volkspark im Osten Leipzigs wurde der Volkshain vor allem mit Blick auf die Handwerker und Arbeiter angelegt, die dort ihre Siedlungen hatten und sich im Park erholen sollten. Die freiwilligen Einsätze in Stünz bringen die historische Anlage schrittweise näher. Mit Erfolg, denn sie wird wieder vermehrt genutzt: Fürs Boulespielen oder zum Teichkonzert kommen die Leute hierher und nutzen sie ganz im Sinne ihres Erfinders.

Zuletzt ist noch der Notenspur-Förderverein mit eingestiegen – der Radweg Notenrad führt nämlich hier entlang, und zwar auf der Strecke zwischen der Hochzeitskirche von Clara und Robert Schumann in Schönefeld und ihrem Hochzeitspark in Mölkau-Zweinaundorf. Mit Unterstützung der Stadt haben verschiedene Initiativen und Stiftungen das Kletterorchester errichtet. Es handelt sich um einen Spielplatz ohne Klettergerüst und Schaukel, stattdessen können die Kinder auf bespielbaren Musikinstrumenten turnen. So können sie sich deren Form und den Aufbau eines Orchesters spielerisch erschließen und eigene Erfahrungen mit Musik sammeln: Die Kletterwand ist ein Kontrabass, die Kletterstangen sind Flöten, die Schaukel eine Harfe und beim Hangeln gibt es zwei Celli. Sogar an das Dirigentenpult wurde gedacht.

93

Wagner:
Wie der Leipziger Richard kürzlich in die Stadt zurückkam

»Richard ist Leipziger« war der Slogan, der 2013 die Stadt beflaggte. Das war 200 Jahre nach der Geburt Wagners am Brühl. Das Haus steht nicht mehr, dafür gibt es neben den Höfen am Brühl – der »Blechbüchse« – den Richard-Wagner-Platz. Schon drei Jahre später zog seine Familie nach Dresden, und zwar unter dem Namen Geyer: Richards Mutter hatte nach dem Tod des Vaters noch in seinem Geburtsjahr neu geheiratet. In Dresden hatte der junge Geyer erste Kontakte mit dem Theater und der Malerei, bis er nach dem Tod auch des Stiefvaters als Neunjähriger nach Leipzig zurückkehrte, um bei seinem Onkel im Königshaus am Markt Quartier zu beziehen.

Der Aufenthalt beim Shakespeare zitierenden Onkel, der nicht nur eine Schrift über das europäische Drama verfasst hatte (*Theater und Publikum*), sondern als Übersetzer und Philologe unglaublich belesen war, sollen ihn zum Trauerspiel *Leubald und Adelaide* inspiriert haben. Leubald ist so eine Art Hamlet, der den Tod des Vaters rächt. Über all den Rittern und Hexen vergaß Richard, die Schule zu besuchen, war aber überzeugt, dass seine Familie sich verständnisvoll zeigen würde, wenn sie das fertige Stück sähe. Die Familie reagierte nicht wie gedacht, der Onkel konnte am Stück nichts Gutes finden und Richard kam zur Einsicht, dass er es wie Beethoven halten, also dem Text Musik hinzufügen müsse. Folglich versuchte er, sich das Komponieren anzueignen. Dies geschah zunächst heimlich und unter neuerlichem Schuleschwänzen, bis die Familie den Musikunterricht anordnete. Aus der Nikolaischule flog er schließlich endgültig. Weil er aber mal Student sein wollte, wechselte er zur Thomasschule, wo er ebenfalls eher Zeit fürs Dichten und für die Beschäftigung mit der Musik aufbrachte als für die schulischen Pflichten. 1831 wurde er Musikstudent an der Universität Leipzig und gab sich in der Landmannschaft dem Glücksspiel und der Trunksucht hin, wovon er geheilt war, nachdem er die Witwenrente seiner Mutter verspielt und zurückgewonnen hatte. Deswegen und wegen der unpolitischen Haltung der Corpsmenschen in revolutionären Zeiten war die Zeit der faulen Liederlichkeiten im Wesentlichen vorbei. Richard komponierte nun ernsthaft und bemühte sich darum, zu lernen. Der Fleiß lohnte sich und Engagements in Würzburg, Bad Lauchstädt und Magdeburg führten Wagner aus Leipzig fort.

Wasserwandern:
Wohin acht Kurse Paddler führen

Leipzig liegt am Wasser und das steigert den Erlebniswert. Geplant ist ein Wasserwegenetz, das die Seen und die Fließgewässer der Stadt miteinander verbindet. So entstehen acht verschiedene Kurse mit einer Gesamtlänge von 200 Kilometern, die per Muskelkraft zu erkunden sind, sieben in und um Leipzig, der achte entlang der Gewässer bei Bitterfeld. Die verschiedenen Kurse führen unter anderem durch die Industriearchitektur Leipzigs, durch den Auenwald nach Halle oder nach Süden Richtung Cospudener See. Somit ist der Kulkwitzer See fast schon abgeschlagen. Das dürfte ihm nichts ausmachen, immerhin erfreut er sich europaweiter Beliebtheit.

   Der kürzeste Kurs führt auf 7,5 Kilometern vom Stadthafen westlich der Innenstadt über die Industriestraße wieder zurück. Vom Elstermühlgraben geht es aufs Elsterflutbett, das an Rennbahn und Auwald vorbei zum Teilungswehr Großzschocher fließt. Dort wird auf die Stadtelster gewechselt, auf der man den Volkspark Kleinzschocher passiert, dann paddelt man an der Grenze zwischen Plagwitz und Schleußig und biegt nach Buntgarnwerken und Palmengarten wieder Richtung Stadthafen ein.

Die längste Tour umfasst 41,5 Kilometer und führt bis nach Halle. Am Naturkundemuseum ist der Start auf der Weißen Elster, bis zum Wehr Wahren ist die Strecke problemlos. Ab da häuft sich nicht nur das Umtragen bzw. Umheben, bis zur Luppe-Mündung durchmisst man zudem ein Naturvorranggebiet, das von Januar bis Juli nicht befahren werden darf und außerhalb dessen nur in organisierten Touren. Bis zur Straßenbrücke Raßnitz ist danach sieben Kilometer lang alles entspannt, es schließt sich allerdings ein weiteres Vorranggebiet an, für dessen Befahrung in den meisten Monaten des Jahres eine Genehmigung einzuholen ist. Die Rennerei lohnt sich, denn die Landschaft ist sehr ursprünglich. Laut »offiziellen« Kursbeschreibungen soll die Fahrt in Halle-Ammendorf enden, das allerdings noch nicht wirklich Halle ist. Möglich ist die Weiterfahrt zur Saale, die dann in zentralere Bereiche der Stadt führt. Bekanntermaßen mündet die Saale in die Elbe und diese wiederum in die Nordsee. Leipzig liegt eben doch – irgendwie – am Meer.

Das erste Vorranggebiet und die damit einhergehenden Beschränkungen spart sich, wer den Kurs vier einschlägt, der die Neue Luppe bis nach Raßnitz nutzt. Es fehlt allerdings noch eine Verbindung zwischen Elstermühlgraben und Neuer Luppe, sodass diese Tour nicht am Stadthafen beginnen kann. Ebenfalls fehlen im Südraum Leipzigs die Verbindungen zwischen Pleiße und Markkleeberger See und zwischen Cospudener und Zwenkauer See. Das soll aber nicht als Meckerei verstanden werden. Es ist noch gar nicht so lange her, dass die Leute ungläubig verlacht wurden, wenn sie Wasserwandern in Leipzig prophezeiten.

✳

95

Weihnachtsmarkt:

Von der Reserve für den Winter zum Christkindl- markt mit Glühweintränke

Früher war das Leben hart, bedeutend härter als heute. Wer nicht für den Winter vorgesorgt hatte, durfte froh sein, das österliche Fastenbrechen zu erleben, und aus Anlass des sogenannten Weihnachtsschlachtens wurden Kinder mit kleinen Leberwürsten bedacht, eine pro Nase – bitte einteilen. Gerade Städter, die mangels Tierhaltung kaum selber schlachten konnten, mussten sich mit Lebensmitteln eindecken, und so etablierte sich ein Markt mit ebensolchen Produkten fürs Überwintern. Der Leipziger Weihnachtsmarkt ist seit 1458 belegt und somit der zweitälteste Deutschlands nach dem in Dresden. Mit der Zeit wurde die

Produktpalette erweitert, es kamen Bekleidung, Tischlerarbeiten, Süßigkeiten, Spielzeug und Scherzartikel hinzu, und schließlich sorgten Weihnachtsbaum und Licht für die richtige Atmosphäre. Schon vom beginnenden 19. Jahrhundert wird berichtet, dass das Gebummel von Bude zu Bude zur Adventszeit so manchen überforderte. Während des Zweiten Weltkriegs musste das weihnachtliche Markttreiben zwischenzeitlich ganz ausfallen, gleich 1945 ging es jedoch – vergleichsweise bescheiden – weiter.

Jedes Jahr wurde der Weihnachtsmann auf dem Marktplatz begrüßt, der zum Beispiel 1958 aus dem Thüringer Wald anreiste. Als er 1966 mahnte: »Man soll nicht mehr Wünsche haben, als man selber Verdienste hat«, wurden damit vielleicht die Verhältnisse von 1972 herbeiorakelt: Da gab es 25 Würstchenbuden, 16 Fahrgeschäfte, 8 Losbuden und 8 Schießstände, außerdem 2 mit Christbaumschmuck und 3 mit Spielzeug. Vielleicht sollten die Kinder wieder mit Würsten beschert werden. Jedenfalls erlaubte sich sogar die Presse kritische Töne, und im Folgejahr gab es mehr Stände und weniger Fahrgeschäfte, ein erweitertes Kinderangebot und viel Deko. Tradition seit 1979 hat der Märchenwald von Elke Herschel, der 1990 nach Protesten aus der Bevölkerung nicht eingemottet wurde. In diesem Jahr tütete die Stadt mit dem Unternehmen Käthe Wohlfahrt einen Deal ein, in dessen Folge der Marktplatz mit viel Kitsch die gute alte Zeit heraufbeschwört, aus der lokale Händler – so deren anhaltende Beschwerde – regelmäßig ausgeschlossen sind. Inzwischen stehen die Buden, die auch außerhalb dieses Marktplatz-Wohlfahrt-Deals die immer gleichen sind, im Prinzip in der ganzen Innenstadt. Dennoch kommen in jeder Adventszeit Busladungen mit Touristen, um auf dem Leipziger Weihnachtsmarkt einen Glühwein zu trinken.

❇

96

Weltflughafen:

Wie Mockau vor Schkeuditz die Nase vorn hatte

Der erste Leipziger Flughafen entstand 1911 in Lindenthal, Fliegerschulen und Flugzeugfabriken inklusive. Das ging nur ein paar Jahre, der Lindenthaler Flughafen wurde 1914 geschlossen und schon ab 1912 der Betrieb auf dem moderneren und außerdem größeren Flughafen in Mockau aufgenommen. Die Geschichte der deutschen Luftfahrt und Mockau gehören zusammen: Ab 1913 fand Flugverkehr für Luftschiffe statt, von 1919 bis 1990 für Flugzeuge. Die Leipziger Luftschiffhafen und Flugplatz AG baute die zu dieser Zeit größte Luftschiffhalle, der Flugplatz hatte Start- und Landebahn, ein Empfangsgebäude und natürlich ein Flughafenhotel samt Fliegerheim. Zur Einweihung waren König Friedrich August und Graf Zeppelin höchstselbst vor Ort. Im Ersten Weltkrieg war es mit der zivilen Nutzung erst mal vorbei, danach sah der Versailler Vertrag vor, die Tore der Flugzeughallen zuzumauern.

1922 sollte der Flughafen ausgebaut werden, die Stadt genehmigte dafür mehrere Millionen. Ein Jahr später eröffnete Reichspräsident Friedrich Ebert das erweiterte Areal als »Weltflughafen« wieder, Nachtflugverkehr und Messeflugdienst rechtfertigten den Weltrang. Ebert malte sich aus, dass Mockau »Mittelpunkt des internationalen Luftverkehrs« werden würde. Im Sommer 1925 verkehrten hier sieben Fluglinien, jährlich gab es mehr als 3500 Starts und Landungen, da ist der Messeflugverkehr noch nicht eingerechnet. Gemessen an der Passagierzahl war Mockau nach Berlin und München der drittgrößte Flughafen im Land.

Ab 1933 nutzen ihn drei Rüstungsbetriebe, die im Zweiten Weltkrieg mehrfach das Ziel von Bombenangriffen wurden, ebenfalls ab 1933 wurden hier die »Volksflugtage« abgehalten. Was übrig geblieben war, hat die sowjetische Militäradministration demontiert. In den Fünfzigern fand in Mockau ziviler Luftverkehr statt, und zwar erst für die Messe, dann bis 1972 für die Inlandsflüge der Interflug. Ab den Siebzigern war Mockau Agrarflughafen. Nach 1991 war es dann endgültig vorbei mit dem Fliegen. Quelle siedelte sich an und wurde von Amazon abgelöst, und nördlich des Areals entstand das Neue Messegelände. Der kleine Tower steht immer noch und ist denkmalgeschützt, ebenfalls erhalten ist noch das Fliegerheim von 1913. Im Kletterturm Mockau, einem ehemaligen Wasserturm, befindet sich mit dreißig Metern die höchste künstliche Indoorwand Europas.

Ab 1927 machte der neue Flughafen Schkeuditz im preußischen Sachsen Mockau Konkurrenz. Die dortige Stadtregierung wollte Halle zum mitteldeutschen Luftkreuz machen, die Staatsregierung dieses Luftkreuz auf preußischem Boden sehen. Subventionen lockten schon 1926 Fluglinien von der Pleiße weg, sodass in Halle/Schkeuditz mehr Passagiere abgefertigt wurden als in Mockau, 1927 waren es fünfmal so viele wie in Leipzig. Der neue Flughafen, der sich anschickte, Mitteldeutschland in den Luftverkehr einzubinden, nannte sich »Halle-Leipzig«. So ist es bis heute. Zwar sagt man nun »Leipzig/Halle« und Schkeuditz ist nicht preußisch, sondern sächsisch. Aber ohne staatliche Beteiligung geht nach wie vor nichts.

Wildpark:

Wo einheimische Tierarten Besuch empfangen

1904 bekam die Stadt Leipzig vom Connewitzer Mühlenbesitzer Jacob vier Stück Damwild geschenkt. Die Stadt baute den Tieren ein Gehege im Connewitzer Holz im südlichen Auwald. Ab 1912 konnten in einer Hütte auf dem Gelände Milch, Tee oder Gebäck erstanden werden, um die Beschau des Tierbestands zu unterstützen, 1922 eröffnete die Wildparkgaststätte. Im Zweiten Weltkrieg wurde die Anlage komplett zerstört, erst 1974 begann man mit der Neuanlage, natürlich war auch wieder eine Gaststätte darunter. Deren Besuch lohnt sich allein der Architektur wegen. Zu sehen sind bei freiem Eintritt außerdem gut zwei Dutzend Tierarten von Wildschwein über Otter bis Mink, die in mitteleuropäischen Gefilden heimisch sind oder es im Fall von Wisent und Elch mal waren. Darunter ist natürlich auch Damwild, das sich mit Rot- und Muffelwild ein großzügiges Freigehege teilt. Die anderen Tiere können ebenfalls nicht gerade über Enge klagen, sodass der Besucher sie relativ naturnah erlebt. Da kann es natürlich vorkommen, dass der Luchs gerade mal keine Lust hat, seinen schattigen Schlafplatz zu verlassen, um am Geländer fototauglich rumzuposen. Ganz ohne Geländer führt der

Erlebnispfad sozusagen durch das Wohnzimmer der Wildtiere. Füttern ist nur mit dem Futter aus dem bereitgestellten Tierimbiss gestattet. Oder bei einer Führung durch den Park mit Förster und Schaufütterung.

98

Wolfs-Monitoring:

Wann der letzte Isegrim im Leipziger Land gesehen wurde

Wer mit dem Fahrrad von der Stadt zum Cospudener See fährt, nimmt dafür die sogenannte Fahrradautobahn durch den Auwald. Ziemlich genau am Waldrand liegt die Grenze zwischen Leipzig und Markkleeberg, ab hier führt der Weg durch Einfamiliensiedlungen hindurch. Sobald das Wetter einigermaßen danach ist, herrscht in beide Richtungen großes Gewimmel, an trüben Wintertagen hingegen sind nur Herrchen und Hund beim Gassigehen anzutreffen.

Kurz vor dem Waldrand, am Wolfswinkel, ist erhöhte Aufmerksamkeit geboten, denn hier steigen Radfahrer gerne ab und posieren vor dem Denkmal unter den Baumkronen. Dabei handelt es sich um einen steinernen Wolf, die Inschrift teilt mit: »Hier wurden im Jahre 1720 die letzten Wölfe gesichtet.« Das war zu jener Zeit eine Art Jubelnachricht, denn der Wolf galt als Feind des Menschen, der Nutztiere reißt. Deshalb ist der Wolf im Auwald auch nicht das einzige Denkmal, das letzte Sichtungen in Stein setzt. Wahrscheinlich ist es aber das einzige, das sich bunt von der Umgebung abhebt: Ende 2012 hat jemand den Isegrim pink bemalt, und das ist vermutlich der Grund dafür, dass er so oft auf Fotos festgehalten wird. Die Aussage des Denkmals mit mehr und mehr verblassender Farbe ist übrigens vielleicht bald überholt, denn im Frühjahr 2015 ist bei Markkleeberg ein lebendiger Wolf von einer Monitoring-Kamera festgehalten worden.

Zeitkino:
Abwechslung beim Warten im Bahnhof

Bereits 1914 hatte man zur Vorbereitung einer U-Bahn-Linie in den gerade entstehenden Hauptbahnhof einen Tunnel integriert. Dieser wurde dann doch nicht gebraucht, vielleicht, weil wegen des Ersten Weltkriegs erst mal das Geld fehlte. Einen weiteren Weltkrieg später zog in den nach wie vor nicht für eine U-Bahn genutzten Tunnel das Zeitkino ein. Das ist allen Leipzigern, die nicht mehr zu den ganz jungen Semestern gehören, ein Begriff. Mancher hat das Warten auf den Zug damit überbrückt oder sich zwischen Schule und Heimfahrt eine kleine Pause gegönnt.

Möglich waren derartige Auszeiten unter den Bahnsteigen in den Jahren von 1950 bis 1992, und zwar von morgens bis spätnachts auf gut 200 Plätzen. Das Programm bestand aus Endlosschleifen, zunächst mit dem Defa-*Augenzeugen*, später mit Spielfilmen. In den letzten zwei Jahren seines Bestehens, als das Kino den Namen »Linie 2« trug, folgten auf 70 Minuten Kurzfilme zwei Spielfilme. Und als es 1992 geschlossen werden musste, entging es immerhin dem Schicksal so mancher westdeutscher Bahnhofskinos, die zum Synonym für Schmuddel wurden.

Zschocher – ein Name, zwei Stadtteile:

Wo Großzschocher wirklich größer ist als Kleinzschocher

Die Häufung der Zischlaute deutet an, dass »Zschocher« slawischen Ursprungs ist. Dass es vor Entstehung des Gassendorfs Kleinzschocher entlang der Windorfer Straße schon eine sorbische Siedlung um den Kirchhügel gab, kann deshalb vermutet werden, lässt sich aber nicht beweisen. Was genau »Zschocher« bedeutet, ist ebenfalls nicht ganz klar: Vielleicht geht es auf das altsorbische

Čachoř zurück, das sich als »Siedlung von Čachoř« übersetzen lässt. Alternativ könnte das Wort auch »zupfen, kratzen, Flachs riffeln« bedeuten, sodass Zschocher ein Ort wäre, an dem Flachs geriffelt wurde.

Kleinzschocher wurde 1891 nach Leipzig eingemeindet. Urkundliche Belege sprechen von *Petrus de Zochere* (1253), *fratres de Schochere* (1267), *Parvum Scochere* (1287). Und es muss schon recht früh zwei Zschochers gegeben haben, denn 1217 wurde das flussaufwärts an der Weißen Elster gelegene Großzschocher mit einem *superior* für *Ober-* bzw. *weiter oben* abgegrenzt.

Es findet sich außerdem die Erwähnung eines Herrensitzes im Jahr 1350, der der Familie Hayn gehörte. Das Rittergut ging 1742 an den Kammerherrn Carl Heinrich von Dieskau, zu diesem Anlass wurde im Gut die eigens dafür komponierte Kantate *Mir hahn en neue Oberkeet* von Bach aufgeführt. 1812 übernahm der Kaufmann David Johann Förster das Gut und besorgte die Umgestaltung des Hainholzes zu einem öffentlichen Park. Daraus und aus weiteren Flächen unter anderem des Schlossparks machte die Stadt in den Zwanziger- und Dreißigerjahren des 20. Jahrhunderts den Volksgarten Kleinzschocher. Da hatte die Industrialisierung Kleinzschocher schon längst erfasst und das Gesicht des landwirtschaftlich geprägten Stadtteils durch eine Kammgarnspinnerei, Chemieunternehmen, Maschinenfabriken, aber auch durch Wohnsiedlungen verändert. Eine davon ist das Meyersdorf, entstanden ab 1908 aus Mitteln der Stiftung des Verlegers Julius Meyer, der auch in Plagwitz, Eutritzsch und Reudnitz bauen ließ. An der Herrmann-Julius-Meyer-Straße befindet sich ein rechteckiges Karree aus vierstöckigen Häusern um einen grünen Innenhof. Der hohe Anteil an Freiflächen in den Meyerschen Siedlungen deutet darauf hin, dass die Gartenstadtbewegung auch Meyer und seinen Architekten Max Pommer erfasst hatte. Die Siedlungen sind zudem ein Beispiel für den sozialen Wohnungsbau: Die Wohnungen waren vergleichsweise komfortabel, kosteten aber bis zu 20 Prozent weniger als sonst üblich. Einziehen konnten Leute mit niedrigem Einkommen.

Ein Größenvergleich zwischen Groß- und Kleinzschocher gestaltet sich spätestens seit der Verwaltungsreform von 1992 als

schwierig, weil dabei noch mal ein paar Gebiete zwischen beiden Stadtteilen hin und her geschoben wurden. Im Süden Klein-
zschochers ging die Ecke zwischen Volkspark und Gaschwitzer
Eisenbahn von Groß- nach Kleinzschocher über, und im Norden
und Westen hat Kleinzschocher Areale an Plagwitz, Neulindenau
und Grünau abtreten müssen.

Die Dieskaustraße nach Großzschocher und Knautkleee-
berg beginnt am Adler, Mietshäuser der Gründerzeit prägen das
Bild, das nach und nach immer ländlicher wird und so erkennen
lässt, dass der Weg aus der Stadt rausführt. Großzschocher gehört erst seit 1922 zu Leipzig. Neben seinen urbanen Anteilen
hat es auch Bereiche mit deutlich dörflichem Charakter, die von
der Industrialisierung weniger erfasst wurden. Diese sind um die
Huttenstraße mit dem ehemaligen Rittergut und mit den Fach-
werkhäusern in der Buttergasse zu finden, in dem Bereich, wo
Großzschochers Besiedlung einst begann. Industrie entstand im
Westen, dort wurden Flugzeuge, Transportanlagen und elektrische Messinstrumente produziert, und es gibt bis heute eine
Gießerei. Große Neusiedlungen waren in Großzschocher selten,
dafür wurden Doppelhaushälften und nach dem Zweiten Weltkrieg die immer noch nicht optimal an die Stadt angebundene
sogenannte Florian-Geyer-Siedlung für Neubauern gebaut. Es
soll nicht unterschlagen werden, dass Großzschocher mit Windorf
schon seit dem 14. Jahrhundert eine eng zusammengewachsene
Doppelsiedlung bildet. Der Name »Windorf« ist im Gegensatz zu
Zschocher geradezu transparent: Er benennt ein Wendendorf, also
einen Ort mit sorbischen Bewohnern. Diese könnten die sorbischen Angestellten im Rittergut gewesen sein.

Zwenkauer See:

Vom Giganten im Neuseenland

Der Nachfolger des Tagebaus Zwenkau ist der jüngste See im sogenannten Leipziger Neuseenland. Eingestellt wurde der Tagebau, der seit 1921 in Betrieb war, erst 1999, und zur allgemeinen Nutzung freigegeben ist das geflutete Tagebaurestloch seit Mai 2015 – da sah man dem Hafenbecken an, dass der höchste Wasserstand noch nicht erreicht war. Die Luft nach oben war im Frühjahr 2013 ein großes Glück, denn da konnte der See Wasser aus der Weißen Elster aufnehmen und so verhindern, dass das zweite Jahrhunderthochwasser des Jahrtausends in den Städten Leipzig und Halle Verheerendes anrichtete. Immerhin transportierte die Weiße Elster so nicht mehr über 300 Kubikmeter in der Sekunde, und nebenbei stieg der Pegel des Sees in nicht einmal zwei Tagen um ganze zwei Meter. Das Gewässer wird das größte im Südraum der Stadt Leipzig: mit einer Wasserfläche von annähernd 1000 Hektar und 172 Millionen Kubikmetern.

Natürlich verbinden sich mit dem an seinen Ufern noch etwas karg anmutenden See konkrete Nutzungsvorstellungen, die durch die nahe Autobahn 38 zusätzlich genährt werden. Der Hafen für Segler feiert schon seit einigen Jahren ein Hafenfest in-

klusive Segelregatten. Mehrere Verleihe verschiedener Wasserge-
fährte vom Katamaran bis zur Jolle und eine Segelschule machen
deutlich, wofür sich die große Wasserfläche eignet. Die »MS Santa
Barbara«, ein Fahrgastschiff mit drei Decks, befährt den See seit
2008 mit einer Sondergenehmigung. Die Stadt Zwenkau traut
auf dem Schiff Paare. Am Ufer entstehen verschiedene Quartiere
zum Wohnen und Arbeiten, und auch Touristen soll was geboten werden. Einer Förderbrücke nachempfunden ist das Gebäude oberhalb des Hafens, das eine Gaststätte mit schöner Aussicht
beherbergt. Mit dem Harthkanal entsteht eine Verbindung zum
Cospudener See. Dann ist es möglich, die 15 Kilometer vom
Stadthafen westlich der Leipziger Innenstadt bis zum Zwenkauer
Hafen zu paddeln. Die Harth wiederum war ein zwischen 1955
und 1970 für die Braunkohle weggebaggertes Waldgebiet, das
wieder aufgeforstet wurde. Das neue Waldgebiet zwischen Cossi,
Zwenkauer See und der B 2 nennt sich entsprechend Neue Harth.

„In
Leipzig
ist
auch was los,
wenn
eigentlich
nichts los
ist.“

Rudi Strahl
(1931–2001)

Register

Impressum

Verantwortlich: Claudia Hohdorf, Ulrich Jahn
Lektorat: Dr. Barbara Münch-Kienast
Entwicklung Reihengestaltung und Layout: Alexandra Rusitschka –
grafik&buchdesign
Umschlaggestaltung: Alexandra Rusitschka – grafik&buchdesign, Umsetzung:
Rico Kummerlöwe
Repro: LUDWIG:media
Herstellung: Miriam Tönnes
Printed in Slovenia by Florjancic

Sind Sie mit diesem Titel zufrieden?
Dann würden wir uns über Ihre Weiterempfehlung freuen.
Erzählen Sie es im Freundeskreis, berichten Sie Ihrem Buchhändler, oder
bewerten Sie bei Onlinekauf.
Und wenn Sie Kritik, Korrekturen Aktualisierungen haben, freuen wir
uns über Ihre Nachricht an Bruckmann Verlag, Postfach 40 02 09,
D-80702 München oder per E-Mail an lektorat@verlagshaus.de.

Unser komplettes Programm finden Sie unter

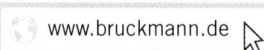

www.bruckmann.de

Alle Angaben dieses Werkes wurden von der Autorin sorgfältig recherchiert
und auf den neuesten Stand gebracht sowie vom Verlag geprüft. Für die Rich-
tigkeit der Angaben kann jedoch keine Haftung übernommen werden.

Bildnachweis:
Umschlagvorderseite: Lindenblatt (Shutterstock/Colorlife)

Die Deutsche Nationalbibliothek verzeichnet diese Publikation in der Deutschen
Nationalbibliografie; detaillierte bibliografische Daten sind im Internet über
http://dnb.d-nb.de abrufbar.

© 2017 Bruckmann Verlag GmbH, München
ISBN 978-3-7343-0917-5